Bernd von Guseck

König Murat's Ende

Bernd von Guseck

König Murat's Ende

ISBN/EAN: 9783743629141

Hergestellt in Europa, USA, Kanada, Australien, Japan

Cover: Foto ©ninafisch / pixelio.de

Weitere Bücher finden Sie auf **www.hansebooks.com**

König Murat's Ende.

Historischer Roman

von

Bernd von Guseck.

Zweiter Band.

Leipzig,
Ernst Julius Günther.
1865.

Erstes Kapitel.

Das Königspaar.

Auf Capo di Monte, dem königlichen Schlosse, welches vielleicht die entzückendste Aussicht unter allen hochgelegenen Punkten bei Neapel bietet, saß die Königin am Fenster und blickte schweigend hinaus. Aber es waren nicht die Wunder der herrlichen Aussicht, welche ihren Blick anzogen, ihre Augen schweiften ins Leere und ihre Stirn war von schweren Sorgen belastet. Sie war nicht allein. König Joachim, ihr Gemahl, ging mit unruhigen Schritten im Zimmer auf und ab; beide hatten eine inhaltsschwere Unterhaltung gehabt, welche plötzlich mit einer schneidenden Dissonanz abgebrochen worden war. Die Königin hatte die Lippen streng geschlossen; ihr gewölbtes Kinn, das einer echten Bonaparte, war durch zwei scharfe Linien, die sich von den Mundwinkeln im Affect eingeschnitten hatten, umzeichnet; in diesem Moment sah sie ihrem Bruder ähnlicher als sonst, aber ihr Auge hatte sich mit Thränen gefüllt.

Es mochten Thränen des Unwillens sein, aber es waren doch immer Thränen, und sie strebte diese Zeugen der Schwäche zu verbergen. Der König dagegen ging mit gerunzelter Stirn im Zimmer umher; seine Augenbrauen waren zusammengezogen, seine lebhaften Augen blitzten unruhig von Zeit zu Zeit die Königin an und sein männlich ausdrucksvolles Antlitz war dunkel geröthet von dem starken krausen Backenbarte bis zur Stirn hinauf, über deren Mitte eine der Locken seines Rabenhaares herabfiel. Joachim Murat stand im kräftigsten Mannesalter; er hatte die Mitte der Vierziger noch nicht erreicht, und seine imponirende Erscheinung, welche die Krieger im Felde und die Herzen der Frauen bestach, konnte wahrhaft königlich genannt werden. Als er mit steigender Ungeduld eine Weile gewartet hatte, wurde ihm das Schweigen lästig; er blieb neben der Königin stehen und fragte: „Willst Du mich jetzt ruhig anhören, Karoline?"

„Ja, Sire", erwiderte sie mit gemessenem Tone, „wenn Sie nicht vergessen, daß ich die Schwester des Kaisers bin."

„Hinweg mit der Förmlichkeit! Soll ich Dich ebenfalls Majestät nennen? Wir sitzen hier nicht auf dem Throne, umgeben von Ministern und Generalen, wir sprechen uns aus wie Mann und Frau. Ich weiß, daß ich an Dir die beste Rathgeberin, die klügste Frau habe, und Du sorgst auch dafür, daß ich nie vergesse, wer Dein Bruder ist. Willst Du mich also ruhig anhören?"

„Gewiß, mein theurer Freund, wenn auch Du ruhig bleibst und Dich nicht von Deiner Hitze und Heftigkeit hinreißen läßt."

„Ich habe rasches Blut, ja, ich kann nicht Alles billigen oder mich zahm unterwerfen, wenn mir etwas zugemuthet wird, das meiner Würde nicht entspricht. Hätte sich das Verhältniß zwischen mir und dem Kaiser schon vor drei Jahren geklärt, so würden wir nicht in diese peinliche Lage gekommen sein. Wenn der Kaiser die Fürsten seines Rheinbundes, selbst dessen Könige, die er ja erst dazu erhoben hat, zum unbedingten Gehorsam verpflichtet, so ist er in seinem Recht, denn er ist ihr Protector, ihr Lehnsherr, nur mit einem andern Namen; aber es ist doch etwas Anderes mit dem Könige eines großen Reichs, wie ich bin. Wohl bin ich Franzose und durch Deine Hand Prinz des kaiserlichen Hauses, aber ich habe auch Pflichten gegen mein Volk und kann nicht dulden, daß Neapels Selbstständigkeit, die es unter so vielen Dynastien behauptet hat, durch mich verloren gehe. Darum schuf ich dem Reiche eine Kriegsmacht als erste That für seine Unabhängigkeit. Du warst damals gegen mich, Du nahmst entschieden Partei für Deinen Bruder."

„Sei nicht ungerecht! Ich suchte einem Zerwürfniß vorzubeugen, welches nur zum Unglück für beide Theile ausfallen konnte, und meine Ueberzeugung steht heute für die Gegenwart und Zukunft noch auf demselben Standpunkte."

„An ein Zerwürfniß dachte meine Seele nicht", versetzte der König. „War ich nicht in Paris, um ihm Glück zur Geburt des Königs von Rom zu wünschen, und weißt Du nicht am besten, daß meine Abreise vor der Taufe nicht den politischen Grund gehabt hat, den ihm Deine Anhänger beilegten?"

„Meine Anhänger? Joachim!" sagte Karoline vorwurfsvoll, aber sanft. „Sind meine Anhänger nicht immer die Deinigen, hier wie in Paris?"

„Ha!" rief er lachend. „Der Beweis hat sich ergeben, als sich gleich nach meiner Rückkehr zwei feindliche Heerlager um mich und um Dich schaarten, weil ich den französischen Truppen in Neapel Marschordre gab, mein Land zu verlassen, das ihrer nicht mehr bedurfte. Dem Kaiser war dieser Befehl eines selbstständigen Souveräns eine unerhörte Anmaßung, da er meine wiederholten Bitten, seine Armee zurückzuziehen, bisher stets abschläglich beschieden hatte; er sah darin den ersten Schritt zur völligen Emancipation, die offene Absicht, sein Joch abzuschütteln."

Die Königin zuckte bei diesen Worten, aber sie bezwang sich, und der König, der nicht auf sie geachtet hatte, fuhr rascher fort: „Eine Contreordre konnte er füglich nicht erlassen; damit hätte er meine Mediatisirung, die Einverleibung Neapels in das Kaiserreich ausgesprochen; er wußte auch wohl, daß ich nicht der Mann war, wie sein sanfter Bruder Louis, der die Krone von Holland lieber niederlegte und Holland dem Empire überließ, als tapfer für seine Krone und sein Volk einzutreten. Darum hielt sich der Kaiser nur an mein Decret, daß kein Fremder, der nicht neapolitanischer Bürger geworden sei, in unsern Staatsdiensten bleiben könne, und vernichtete meinen königlichen Erlaß, der nur auf das Statut von Bayonne, unsere Verfassung, begründet war, durch einen Machtbefehl."

„Laß uns nicht alte Mißverständnisse wieder wach rufen!" bat die Königin. „Es war ja kein Machtbefehl, nur eine Erinnerung, daß Deine Waffengefährten und Landsleute, welche mit Dir Ruhm und Glück getheilt, schon dadurch, auch ohne das neapolitanische Bürgerrecht ausdrücklich erlangt zu haben, Civil- und Militärämter in Deinem Reiche besitzen könnten. Du warst anderer Ansicht. Laß mir die Gerechtigkeit widerfahren, daß ich nur zu vermitteln suchte; Du hast Dich ja selbst nachher mit der Meinung des Kaisers versöhnt."

„Ja, nachdem ich krank und matt geworden war

vor Aerger und mir die langwierige Krankheit Kraft und Muth gebrochen hatte. Sie waren ja auch eingedrungen wie die Raupen in alle Zweige der Staatsverwaltung, ein wahrer Weichselzopf wie bei polnischen Pferden, den man nicht abschneiden kann, ohne Saft und Blut des Thieres tödtlich zu vergießen. Ohne meine Krankheit würde ich es aber herzhaft versucht haben."

„Du hast Dein Reich glücklich gemacht, Joachim; Du wirst Dein Werk vollenden, wenn dieser unglückliche Krieg beendigt ist, wie auch der Kaiser, der die hochherzigsten Ideen für die Beglückung der Völker von Europa hat —"

Murat lachte laut auf. „Sentimentale Phantasien!" unterbrach er sie. „Ein Gott, ein Herr in Europa, das ist des Kaisers einzige Idee. Was mich betrifft, so kann ich Dein Wort annehmen. Ich hätte mein Werk schon 1810 vollenden können, wenn ich consequent geblieben wäre; ich hätte es in diesem Sommer vollendet, wenn ich mich nicht zu der widersinnigen Doppelrolle entschlossen hätte, zu welcher mich die Schwester des Kaisers überredet hat. Nein, Karoline!" fuhr er feurig fort, „ich lasse Dir volle Gerechtigkeit widerfahren. Du hast in edelster Weise auch jetzt zu vermitteln gesucht, aber zuerst bist Du doch immer die Schwester des Kaisers und dann erst die Königin von Neapel. Klug und fein bist Du, Niemand kennt mich so wie Du, darum siegst Du oft über meinen Ungestüm und meine Unbedachtsamkeit. Wie einem alten Schlachtrosse, das nachher geduldig mit Federbüschen und buntem Geschirr als Carrossengaul einhergeht, ließest Du mir kriegerische Fanfaren blasen: „En avant! Marche! Au galop! Chargez!" und der Carrossier spitzte die Ohren und ging durch."

„Das schmeckt nach dem Bivouac, Sire!" sagte die Königin verletzt.

„Ich war Reitergeneral, ehe ich König wurde, Madame!" erwiderte Murat. „Mit dem Gleichniß wollte ich nur ausdrücken, daß es einer so klugen Dame leicht gewesen ist, durch einen Appell an mein Gefühl für Ehre und kriegerischen Ruhm den Soldaten von dem Staatsmann zu trennen. Wäre ich taub gegen die schmetternde Fanfare gewesen, die mich auf das Schlachtfeld lockte, so hätte ich meine Unterhandlungen, welche dem Abschluß nahe waren, rasch zu Ende gebracht und meine Position wäre gesichert. Jetzt wird das sehr viel Mühe kosten."

„Die Unterhandlungen wären dem Abschluß nahe gewesen? Sie sagten mir aber doch selbst, daß noch Alles im Unklaren schwebte, daß weder Sie, noch

Lord Bentinck über die ersten Sondirungen hinaus wären!"

„Das sagte ich. In Angelegenheiten der Staatskunst, Madame, ist immer eine gewisse Zurückhaltung selbst gegen die intimsten Personen nothwendig. Sie wissen, daß ich Ihren klaren Blick, Ihr Urtheil sehr hochschätze und mich in vieler Hinsicht, wo es auf Feinheit der Combinationen ankommt, vor Ihnen beuge. Hier aber war mir gleich von Anfang an, als ich aus Rußland kam und die Vaterlandsfreunde sich um mich schaarten, bemerklich gemacht worden, daß nur das allertiefste Geheimniß die großen Entschlüsse, mit denen ich zum Heile Italiens umging, zur Ausführung kommen lassen könne; mit aller Ehrfurcht vor Ihrem im Lande hochgeachteten und geliebten Namen wurde mir angedeutet, daß Sie im natürlichsten Interesse für den Kaiser, Ihren Bruder, nicht in Allem mit mir einverstanden sein würden, und ich begriff, daß ich, ich selbst allein Alles ordnen und leiten, allein handeln müsse. Daher mußte ich auch, gegen meine Neigung, als ich Ihnen bei der Aufforderung des Kaisers, nach Deutschland zu kommen, von den angeknüpften Unterhandlungen sagte, den eigentlichen Stand derselben verschweigen. Heute, wo sie abgebrochen sind durch meine Rolandsfahrt, sind jene Rücksichten überflüssig und ich will

Ihnen sagen, wie weit ich schon gekommen war, als ich die bewußte Fanfare hörte."

„Ich kann jene Vaterlandsfreunde errathen, die mich so hoch lieben und achten und gleichwohl unsere Interessen, mein Gemahl — untheilbar immer dieselben — durch heimliche Künste zu trennen suchen. Hüten Sie sich! Es wird eine Zeit kommen, wo diese Menschen die Larve fallen lassen, und dann, Joachim, werden Sie ein Medusenhaupt schauen! Sie wollen mir nun, wo es zu spät ist, Ihre Pläne in voller Wahrhaftigkeit mittheilen; ich nehme das dankbar an. Vielleicht sind sie doch noch, wenn auch in anderer Form, auszuführen, und ich zweifle nicht, daß Ihnen der Kaiser dazu willig die Hand bieten wird, sobald er erst diesen Krieg glücklich zu Ende geführt hat."

„Glücklich, Karoline? Darin liegt es eben. Die Verbündeten stehen am Rhein, haben ihn vielleicht in diesem Augenblicke schon überschritten. Doch vom Kriege erzähle ich Ihnen nachher, jetzt sollen Sie meine Friedensgeschichte hören. Ich kam aus Rußland zurück, wo der Kaiser in der Verblendung seines Stolzes die schönste Armee, welche die Welt je gesehen, nutzlos geopfert hatte. Beleidigt von einem seiner rohesten Satelliten, von ihm selbst durch die Artikel des Moniteur, die meine Handlungen, selbst meine Kriegführung einer Kritik zu

Gunsten Beauharnais' unterzogen, würde ich doch nie einer unedlen Rache fähig gewesen sein; die Thatsache meiner Rückkehr zur Armee nach Dresden, zu der ich nicht gezwungen werden konnte, hat es bewiesen, daß ich selbst persönliche Beleidigungen, wie sie der Brief des Kaisers an Dich, Karoline, enthielt, vergessen kann. Aber ganz Italien rief nach mir, nicht mein Volk allein. Herrliche Länder Italiens sind losgerissen von der gemeinsamen Mutter und einem fremden Staate einverleibt, mit dem sie nichts Gemeinsames haben, gegen den ein uralter Haß im italienischen Volke lebt."

„Du bist Franzose, Joachim!" rief die Königin.

„Ich werde es nie vergessen; gerade deshalb bin am ersten fähig zu der großen Mission, zu welcher ich mich berufen fühle. Wenn ich sie durchgeführt hätte, würde sich der Haß in Segen verwandelt haben. Und die Gelegenheit war so günstig! Ganz Italien, sowohl die französischen als die Provinzen des Königreichs waren von Truppen entblößt, der Kaiser hatte seine zusammengerafften Conscribirten in Deutschland nöthig; er bedurfte dort seiner ganzen Macht, um nicht von dem in Waffen geschaarten Europa erdrückt zu werden. Herr von Europa zu bleiben war ihm unmöglich, wie drohend und furchtbar er auch noch dastand. Sollte ich den großen Gedanken, Italien in seiner ganzen alten Ausdehnung wiederherzustellen, frei und unabhängig zu machen und König von Italien zu sein vom Meere bis zu den Alpen, sollte ich dies strahlende Ziel aufgeben, das mir schon lange vor der Seele stand?"

„Soll ich Ihnen die Vaterlandsfreunde nennen, welche dies Trugbild wie einen Feuerbrand in Ihre Heldenseele geworfen haben?" entgegnete die Königin. „Sie nicht, mein edler Gemahl, dürsteten nach Rache für eingebildete Beleidigungen, Sie sind erhaben über niedere Gefühle; aber jene falschen Freunde waren es, welche Rache suchten für ihre verlorene Macht, die ihnen die neue Ordnung der Dinge geraubt, Rache auch an Ihnen, wenn es künftig Zeit dazu gewesen wäre! Doch erzählen Sie weiter."

„Säe kein Mißtrauen in meine Brust, Karoline", sagte der König. „Es findet bei mir keinen fruchtbaren Boden. Ich ließ Lord Bentinck unter der Hand um einen Paß für einen Abgesandten von mir bitten, der mit ihm über wichtige Staatsangelegenheiten verhandeln solle, bat aber die Sache geheim zu halten. Bentinck war schon im Allgemeinen über die Tendenz meiner Annäherung unterrichtet — nun ja, Karoline, die redlichen Männer, welche Du verdächtigst, suchten mir den Boden nach Kräften zu ebnen! — er schlug die Insel Ponza für die Conferenzen vor und begab sich unverzüglich in Person dorthin, während er in Sicilien eine andere Reise vorgab. Von meiner Seite kam ein geborener Engländer, welcher schon seit längerer Zeit in Neapel naturalisirt ist und daher das Wohl meines Landes ohne Partei- oder Familieninteresse im Auge hat, ein Mann, dem die Sprache zu Gebote steht, einfach und würdig in seiner Haltung. Ich habe keinen Grund, Dir seinen Namen zu verschweigen, den Du hoffentlich gelten lassen wirst: Robert Jones."

„Ich kenne ihn nicht", erwiderte die Königin kalt. „Er war das Werkzeug, hinter ihm steht die Partei. Auf welche Bedingungen wurden die Unterhandlungen angeknüpft?"

„Ich erbot mich gegen Lord Bentinck, ganz Italien zu besetzen, wenn ich dabei von England mit Geld unterstützt und von den verbündeten Monarchen als König von Italien anerkannt würde."

Die Königin erröthete vor Unwillen; daß ihr Gemahl so weit gegangen sei, hatte sie nicht erwartet. Doch blickte sie nicht auf, um ihr Gefühl nicht zu verrathen, sondern fragte nur: „Und der Engländer?"

„Sprach seine Zustimmung aus! Mußte ihm nicht an meinem Beistande gelegen sein? Ich wußte wohl, was ich ihm bot. Aber wie das Krämervolk ist, er machte dann gleich Handelsbedingungen. Ganz Italien sollte mein sein, bis auf Sicilien, welches durch frühere Tractate dem Könige Ferdinand von Bourbon garantirt war; ferner wünschte er, daß 25,000 Engländer zu meiner Armee stießen, um unter meinen Befehlen an der Eroberung von Italien mitzuwirken."

Tiefer wurde das Roth auf den Wangen der Königin und ihr Blick schien sich in den Fußboden zu bohren. Ihr Gemahl an der Spitze englischer Truppen gegen seinen alten Kriegsherrn und Wohlthäter, dem er Alles verdankte, seinen Ruhm, seine Erhebung zum Mitgliede der kaiserlichen Familie, seine Krone!

„Die militärische Promenade", fuhr der König, achtlos wie immer, fort, „hätte ich den Rothröcken wohl zugestanden; mehr als das wäre der Feldzug kaum geworden, denn die französischen Truppen im Lande waren kaum nennenswerth und Beauharnais damals noch bei der Armee des Kaisers in Deutschland. Aber daß Sicilien ausgenommen werden sollte, mißfiel mir, und dann stellte Bentinck mir noch eine Bedingung, welche als das schmachvollste Mißtrauen in meine Ehre mich beleidigte. Er verlangte die Einräumung von Gaëta, des stärksten Bollwerks meines Landes, als Unterpfand meiner Treue. Ich wollte schon die ganze Unterhandlung abbrechen, da ich auch in der ganz unnöthigen Stärke der mir aufgedrängten englischen Hülfstruppen einen Beweis des

Mißtrauens und, wenn ich der gleichen Stimme Gehör, geben wollte, selbst eine Gefahr sah, das Land nicht für mich, sondern für England zu erobern. Indessen bei ruhiger Ueberlegung durfte ich doch meinem gerechten Unwillen nicht nachgeben. Auch Campochiaro, den ich ins Vertrauen zog — den Polizeiminister Herzog von Campochiaro werden Sie doch nicht zu den Verlarvten rechnen, vor denen ich mich zu hüten habe, Madame?"

„Nein! Aber den Prinzen Camillo Angri, Sire!" versetzte die Königin schlagfertig.

Joachim lachte. „Meinen armen lahmen Camillo! Warum nicht auch den Grafen Orkum, meinen biedern Deutschen?"

Bei diesem Namen blickte die Königin schnell auf; ihr Auge begegnete dem ihres Gemahls, das ihr im Bewußtsein souveränen Willens in seiner individuellen Freiheit Stand hielt, sodaß sie das ihrige wieder senkte. „Ihr erster Lancier von Berg, wie Sie eine der glorreichsten Erinnerungen der französischen Republik parodirt haben", sprach Karoline Bonaparte mit gekniffener Lippe, „ist freilich kein Latour d'Auvergne, der erste Grenadier von Frankreich, aber er wird für Sie in jede Bresche treten, Sire." Ihr Ton bebte, als sie diese Worte sprach, und ein Seelenkenner würde vielleicht in demselben das quälendste Gefühl der Frauenbrust, das sie bis zum Aeußersten treiben kann, erkannt haben. Auch der König verstand sie nur zu wohl, denn seine Stirn verdunkelte sich und ein finsterer Blick traf die Sprecherin, welche ihn aber nicht bemerkte, sondern nach einer kurzen, athemlosen Pause gefaßter fortfuhr: „Der Prinz Camillo Angri jedoch, welchem Sie ein gleich unbedingtes Vertrauen schenken, ist Ihnen nicht treu!

„Beweise!" brauste der König heftig auf.

„Hätte ich solche, Sire", erwiderte die Königin stolz und fest, „so säße der Prinz bereits in Ketten auf dem Castell dell' Uovo! Ich hatte als Regentin von Ihnen die Befugniß dazu! Was mich gegen ihn mißtrauisch macht, entzieht sich der Besprechung zwischen uns, ich warne Sie aber!"

„Ich werde ihn offen zur Rede stellen! Er soll mir frei ins Auge blicken!" rief der König.

„Thun Sie das, Sire! Es wird keinen andern Erfolg haben, als daß er seines endlichen Sieges um so sicherer wird! Wenn Sie meinem Rathe folgen wollen, so entfernen Sie lieber die Schlange, welche Sie an Ihrem Busen hegen, so bald als möglich! War Angri mit in Ponza?"

„O nein! Ich sandte auf Campochiaro's Rath mit dem Jones noch einen Andern zum zweiten Male hin. Sie werden lachen, Karoline, denn es war Nicolas, der eitle, geleckte Geck; aber da ihn der Polizeiminister empfohlen, mußte er sich doch für die Unterhandlung eignen."

„So sind Sie immer, Joachim! Stets dies offene, herzliche Zutrauen zu fremder Einsicht! O trauen Sie doch nur sich selbst, Ihrem eigenen Geiste und der Stimme Ihrer unbestechlichen Ehre! Haben jene Gesandten Ihnen etwa bessere Bedingungen erkämpft?"

„Ich muß zugeben, daß es ihnen nicht gelungen ist. Sie hatten die Instruction, Bentinck durch Vorstellungen und Bitten zu bewegen, Sicilien und Gaëta fallen zu lassen, und sollten dagegen den Einwand über die Stärke der englischen Hülfstruppen nicht erheben; wenn aber Bentinck durchaus hartnäckig bliebe, sollten sie im äußersten Nothfall auf seine Bedingungen die Allianz abschließen. Meine theure Karoline, was war zu thun? Ich konnte nicht anders. So geschah es denn auch. Bentinck blieb bei den erneuten Conferenzen starr auf seinen Forderungen stehen, meine Gesandten gaben nach, wie sie ermächtigt waren; der Vertrag wurde abgeschlossen. Mylord sandte sogleich ein schnellsegelndes Avisofahrzeug nach England ab, um von seiner Regierung die Bestätigung einzuholen, und schlug, da er dieselbe voraussetzte, meinen Gesandten vor, sofort Truppen von Sicilien, Malta und Gibraltar in Neapel landen zu lassen. Da kamen die Briefe von Ney und Fouché, die dringende Aufforderung des Kaisers, da erklang die kriegerische Fanfare, von der ich sprach, und ich ließ mich von dem Wahne bethören, für den Kaiser kämpfen und dennoch König von Italien werden zu können. Das Uebrige wissen Sie."

„Danken Sie Gott, Joachim, daß es so gekommen ist!" rief die Königin. „Sie standen, ohne es zu ahnen, am Rande eines Abgrunds, zu welchem Sie der Rath treuloser Menschen, die sich Ihre Freunde nennen, gedrängt hat. Für Sie steht noch Alles gut. Der Kaiser hat einen Feldzug verloren, der nächste kann Alles wieder gut machen, das Glück des Krieges ist wandelbar. Stehen Sie nur fest auf dem Punkte, den Ihnen das Schicksal und Ihre Ehre angewiesen hat, dann wird keine Macht Ihnen gefährlich werden. Jene Unterhandlungen sind doch unwiderruflich abgebrochen?"

„Unwiderruflich, Karoline, auf mein Ehrenwort! Sie haben ja den Beweis an den neuen Feindseligkeiten, welche von jenem unverlöschlichen Krater sich wieder über mein Reich ergossen haben, nicht mehr im offenen Kampfe oder durch den Guerrillakrieg der Briganten — den erstern würde ich mit Freuden aufgenommen, die letztern niedergeschlagen haben, wie einst in Spanien — sondern durch die geheime Verschwörung, in welche sie einen Verein, den ich um löblicher Zwecke willen bisher aufgemuntert, gezogen haben. Ich werde aber mit den Carbonari fertig werden!"

„Haben Sie schon einen Beschluß gefaßt?" fragte die Königin.

„Noch nicht! Die Maßregeln, welche Sie als Regentin provisorisch erlassen haben, sind ganz in meinem Sinne; ich billige das Verfahren der Militärcommissionen, soweit dasselbe bis jetzt zu meiner Kenntniß gelangt ist, doch will ich mich nicht mit einem Decret übereilen; die Ansichten, wie diese Bewegung am besten zu bewältigen ist, gehen zu weit auseinander. Ich werde sie prüfen und dann entscheiden."

„Wann erwarten Sie den nächsten Kurier aus Paris?"

„Unbestimmt, theure Karoline. Als ich mich in Erfurt vom Kaiser trennte, ließ sich der weitere Verlauf der Dinge noch nicht übersehen. Ich hatte bei Erfurt eine zweite Schlacht erwartet, und wie ich höre, sind unsere Feinde derselben Meinung gewesen, darum die beispiellos vorsichtige Verfolgung. Was! Nach einem Siege, wie bei Leipzig, den ihnen kein Moniteurartikel streitig machen kann, lassen sie uns ruhig abmarschiren und tirailliren nur zum Amusement mit unserer Arrièregarde, wo diese Fronte macht, um unser Defiliren über Flüsse zu decken. Mit 50,000 Pferden oder noch mehr, was weiß ich! Mit einem hitzigen Husarengeneral, dem Blücher, dem sie nur den Zügel schießen lassen durften! Ich hätte diese 50,000 Pferde commandiren sollen! Verzeihung, meine Karoline, ich verletze Ihr Gefühl! Es ist der Soldat, der aus mir spricht, der sich auch in die Lage des Gegners versetzen kann und dessen Fehler tadelt, ohne sie ungeschehen zu wünschen. Eine energische Verfolgung wäre die Vernichtung Ihres Bruders gewesen!"

„Sie trennten sich doch freundlich vom Kaiser?"

„Gewiß! Der Kaiser stellte es mir selbst anheim, mich in meine Staaten zu begeben."

„Ging der Vorschlag von ihm aus?"

„Ich glaube es. Was konnte ich ihm vor der Hand nützen? Er hatte eine zweite Schlacht aufgegeben, weil ihm der Abfall Baierns gemeldet worden war und er fürchten mußte, daß ihm bei längerem Verweilen diese Macht auf kürzestem Wege die Rückzugslinie nach Frankreich verlegte. Wenn er sich aber den Chancen einer zweiten Hauptschlacht gegen die verbündeten Armeen ausgesetzt hätte, wäre er in die übelste Lage gekommen und im Fall eines Unsterns nicht mehr fähig gewesen, sich durch die Baiern, wie er jetzt gethan hat, Bahn zu brechen. Ich konnte diesen Gründen nur beipflichten, aber für mich sah ich keine mehr, ihm länger

2*

zu folgen; in Frankreich bedurfte er meines Degens in einem Vertheidigungskriege nicht, zu welchem er doch nun gezwungen war, und ich konnte mich nicht länger den Pflichten gegen mein eigenes Reich entziehen. In Frankreich wäre ich von Neapel abgeschnitten gewesen: die Verbündeten am Rhein, die Oesterreicher nach unzweifelhafter Ueberwältigung Beauharnais' in Piemont, am Var, die Engländer das Meer beherrschend. Habe ich Recht, Karoline?"

„Du hast dem Kaiser diese Gründe vorgestellt?" fragte die Königin. „Waren Zeugen bei Eurer letzten Unterredung?"

„Constant, der erste Kammerdiener. Unsere Unterredung dauerte nicht lange; es war auch ganz überflüssig, jene Dinge weitläufig zu erörtern, da sie in die Augen sprangen. Der Kaiser, muß ich Dir sagen, ist auch durch die vielen Unglücksfälle, die in letzter Zeit über ihn hereingebrochen sind, so verändert, daß er gar nicht wiederzuerkennen ist, gleichgültig, ich möchte fast sagen —"

„Halten Sie ein, Sire! Ehren Sie das Unglück meines Bruders, aus welchem er sich größer als je erheben wird. Wenn der Kaiser Ihnen anheimstellte, in Ihre Staaten zurückzukehren, so verzichtete er dadurch gewiß nicht auf Ihren glorreichen Degen; er rechnet wohl mit Gewißheit darauf, daß Sie von Italien aus in Verbindung mit dem Vicekönig eine Diversion zu seinem Vortheil unternehmen werden."

„Eine Diversion! Sieh da, Karoline, welche strategische Talente entwickelst Du auf einmal zu meiner größten Ueberraschung! Du vergißt aber Deine wachsame Namensschwester in Sicilien, Du vergißt Lord Bentinck, welcher die 25,000 Mann, die er unter meine Befehle stellen wollte, sogleich nach Calabrien werfen würde, wenn ich mit Allem, was ich an Truppen habe, nach dem Po zur Verbindung mit Beauharnais abmarschiren wollte. Nein, liebe Karoline! Unser Weg ist uns vorgezeichnet, wenn wir uns nicht blind in das Verderben stürzen wollen.

„Sie gaben mir Ihr Ehrenwort, daß die Unterhandlungen mit Lord Bentinck abgebrochen seien!"

„Ich gab es Ihnen, Madame!" erwiderte der König.

„Aber Sie verschweigen mir etwas! Ich sehe es an Ihrem ganzen Wesen. Wohl haben Sie Recht, daß in Sachen der hohen Politik die äußerste Vorsicht nothwendig ist, aber Sie thun sehr Unrecht, wenn Sie Ihrer treuesten, ja, ich wage es zu sagen, Ihrer einzig wahren und aufrichtigen Freundin, der Sie selbst klaren Blick, Urtheil und Combinationsgabe zugestehen, der Sie schon zweimal die Regentschaft anvertraut haben, Geheimnisse vorenthalten, bei deren Lösung sie Ihnen vielleicht manchen guten Rath geben könnte. Wer weiß, zu welchem vortheilhaften und ehrenvollen Ausgange die Unterhandlungen mit Lord Bentinck geführt hätten, wenn Sie mich Ihres vollen Vertrauens gewürdigt hätten!

„Wer weiß! Allerdings! Sie mögen Recht haben —"

„Joachim, laß uns immer gemeinsam handeln. Unser Geschick und das unserer Kinder hängt davon ab."

Der König schien mit sich zu kämpfen.

„Du hast mit Lord Bentinck abgebrochen, aber auf einer andern Seite Verbindungen angeknüpft!"

„Nein, Karoline", erwiderte der König. „Die Verbündeten haben es versucht, nicht ich. Im Lager bei Ollendorf erschien von seiten Oesterreichs Graf Mier. Kaiser Franz bot mir im Namen der alliirten Monarchen Frieden und Freundschaft an."

Die Königin erschrak. „Was hast Du ihm geantwortet?" fragte sie besorgt.

„Mir wurde das Versprechen gegeben, daß mir der Besitz meiner Staaten garantirt werden sollte, wenn ich die Sache des Kaisers verließe. Graf Mier legte mir die Vollmacht seines Monarchen vor."

„Und Du?" rief Karoline.

„Ich habe ihn angehört, ohne eine bestimmte Antwort zu geben. Ja, Karoline, die Politik, welche sich, nicht von Gefühlen, und wären es die theuersten und heiligsten, leiten lassen darf, verlangte hier eine kluge Zurückhaltung. Sollte ich wie ein enragirter Bayard ins Feuer gehen? Man hat mich oft genug mit ihm verglichen; in der Schlacht bin ich stolz darauf, im Cabinet muß ich mich für die Ehre bedanken. In keiner Weise konnte ich mir die Hände binden. Ich gebe Dir auch hier mein Ehrenwort", setzte er, ihre Zweifel bemerkend, mit Nachdruck hinzu, „daß keine Unterhandlungen im Gange sind."

„Aber sie werden von seiten der Alliirten wieder gesucht werden!" rief die Königin. „Sie sehen, welchen Werth man auf Ihre Allianz legt; danach können Sie ermessen, wie schwach ihre Hoffnung ist, den Kaiser, wenn Sie auf seiner Seite kämpfen, zu besiegen. Glauben Sie, daß man Ihnen Ihre Krone garantiren würde, wenn man Ihrer nicht bedürfte? Wird man aber im Fall des Sieges einem von unserer Dynastie, einem einzigen Napoleon oder einem, der mit ihm verwandt ist, seinen Thron lassen? Bauen Sie so fest auf die Garantie, welche man Ihnen bietet? Sie haben mit Recht gesagt, daß in der Politik nichts gilt, auch das Heiligste nicht, wenn es in Conflict mit dem Vortheil geräth. Was ist aus allen Verträgen geworden, welche die jetzigen Feinde des Kaisers vor wenigen Jahren mit ihm geschlossen haben? Was aus dem Bündniß von Erfurt mit dem Zaren Alexander, aus der Verschwägerung mit dem Kaiser von Oesterreich? Baiern, das der Kaiser groß gemacht hat, ist von ihm abgefallen; ein Marschall von Frankreich, der ihm die Krone von Schweden verdankt, commandirt gegen ihn! Wollen Sie dem Beispiel Bernadotte's, auf jene Garantie gestützt, folgen, der Welt das dritte Beispiel eines abtrünnigen Franzosen geben, um im glücklichsten Falle wie Moreau zu endigen, im wahrscheinlichsten aber als abgesetzter König von einer Gnadenpension der Alliirten zu leben? Ja, Sire! Mag Ihr Zorn mich vernichten, aber so wahr ich lebe, auch für den Preis Ihres Abfalls nicht wird man Ihnen die Krone von Neapel nach dem Siege über den Kaiser lassen! Und nun betrachten Sie die Kehrseite! Wenn der Kaiser siegt! Was wird dann Ihr Loos sein, wenn seine Großmuth nicht stärker ist als sein gerechter Unwille?"

„Sie nehmen vollendete Thatsachen an, welche nirgends existiren!" versetzte der König unmuthig. Die feste Ueberzeugung, welche Karoline in so feurigen Worten über die Unzuverlässigkeit der ihm gebotenen Garantien ausgesprochen, hatte einen großen Eindruck auf ihn gemacht. Er ging wiederum heftig im Zimmer auf und ab. „Vor ganz Europa können sie sich diese Schmach nicht aufladen!" sprach er wie vor sich hin. „Es wäre ein Wortbruch ohnegleichen! Womit sollte er beschönigt werden? Der ritterliche Alexander, der redliche Franz, der fromme und gerechte Friedrich Wilhelm! Nein, nein! Es ist ganz unmöglich!"

„Sie fließen über im Lobe der Feinde!" sagte die Königin. „Und für den Kaiser haben Sie nur Vorwürfe! Womit die Alliirten es entschuldigen würden, wenn sie Ihnen nicht Wort hielten? Ich darf wohl einen so feinen Politiker nicht darauf aufmerksam machen, daß es nichts gibt, nichts in der Welt, was sich nicht in diplomatischen Actenstücken rechtfertigen ließe!" Ihre Anerkennung seiner politischen Gaben klang etwas ironisch, er achtete nicht darauf.

„Warum aber? Welchen Grund sollten sie haben", rief er, „da sie mir die Allianz selbst angeboten? Nicht ich habe sie gesucht! Land wird im Ueberfluß disponibel sein!"

„Ich will es Ihnen sagen, Sire", erwiderte Karoline Annunciata. „Weil jedes Mitglied der kaiserlichen Familie, das seine Krone behielte, eine brennende Erinnerung an die Zeit ihrer tiefsten Demüthigung für sie wäre und zugleich eine Drohung für die Zukunft! Gerade Sie, mein Gemahl, der an der Spitze der siegreichen Heere des Kaisers in die Hauptstädte der alliirten Kaiser eingezogen ist!"

Der König blickte stolz auf. „Sie wollen mich durch Schmeichelei für Ihre Ansicht gewinnen, weil Sie wissen, daß ich für den Ruhm nicht unempfindlich bin", sagte er. „Ich habe Ihnen übrigens mein Wort gegeben, daß ich mich durch keine bestimmte Antwort gebunden habe, weder Ja, noch Nein. Meine Lage ist wegen vieler sich kreuzenden Interessen, ich wiederhole es Ihnen, so eigenthümlich, daß ich mit voller Bedachtsamkeit zu Werke gehen muß. Ich habe daher auch Ihre Meinung, Ihren Rath gesucht; ich werde noch die treuesten, die einsichtsvollsten meiner Diener hören, ehe ich mich entscheide, denn ich glaube selbst, daß die Alliirten es nicht bei dem ersten Versuche, durch den Grafen Mier mich zu gewinnen, bewenden lassen werden. Unterdessen habe ich nichts dawider, wenn Sie an den Kaiser schreiben, um auch von ihm zu vernehmen, wie er sich meine Situation denkt, was er von mir erwartet und welche Bürgschaft er mir geben kann für hartnäckiges Aushalten auf seiner Seite."

„Sie wählen kein schönes Beiwort", versetzte die Königin. „Sie haben im Geiste bereits entschieden."

„Soll ich zum dritten Male mein Ehrenwort geben? Nein!" rief Joachim. „In kurzem aber muß ich meine Partie ergreifen. Also schreiben Sie dem Kaiser, und auch ich werde ihm schreiben, ich bin es meiner Ehre schuldig. Daß seine Antwort bei mir schwer ins Gewicht fallen wird, brauche ich Ihnen wohl nicht erst zu sagen. Ich bitte Sie nur, dieser Negotiation des Grafen Mier vorläufig nicht zu erwähnen."

„Warum nicht?" entgegnete sie. „Das würde gerade zur Klärung der Verhältnisse viel beitragen. Indessen, wie Sie wünschen; ich bin gewohnt, Ihren Befehlen zu gehorchen."

„Und nun hinweg mit den Sorgen! Laß unsere Kinder kommen", bat der König. Sie stand auf und zog die Glocke. Der Lakai mußte die diensttuende Hofdame rufen, welche die königlichen Kinder herbeiholte: zwei Prinzen und zwei Prinzessinnen; der älteste, Achill, zwölf, die jüngste, Louise Julia Karoline, acht Jahre alt, zwischen beiden Lätitia und Lucian. Mit Zärtlichkeit liebkoste sie der König nach der Reihe, als sähe er sie heute nach seiner Rückkehr aus dem Felde zum ersten Male; es mochte die Nachwirkung des eben gehabten Gesprächs sein, die Besorgniß vor ihrer Zukunft, wenn er jetzt nicht den rechten Entschluß faßte.

Zweites Kapitel.

Graf Orkum.

Erst am Abende des zweiten Tages, nachdem Virginia die Nachricht von der Heimkehr ihres Gemahls erhalten hatte, fuhr sie nach der Stadt zurück; sie hatte ihm geschrieben, daß sie abgehalten sei, früher zu kommen. Als sie in ihrer Wohnung die Treppe hinaufstieg, kam ihr Prinz Emilio, ihr Vetter, entgegen.

„Muß man es einem glücklichen Zufalle verdanken, wenn man Sie endlich einmal trifft?" rief er. „Ich war schon gestern hier, Ihren Gemahl zu beglückwünschen, daß er der kolossalen Menschenschlächterei von Leipzig entronnen ist, und hoffte mit Gewißheit, Sie schon zu treffen; ich hörte aber, daß Sie erst heute kommen würden."

„Ist der Graf zu Hause?" fragte sie.

„Allerdings! Wird er ausgehen, wenn er Sie erwartet? Der Neveu ist bei ihm und beide brennen offenbar, deutsch mit einander zu reden; ich wollte ihnen diesen Genuß nicht länger entziehen, bin überdem bis auf den letzten Augenblick, den meine Zeit mir gestattete, geblieben, um Sie noch zu sehen, und danke es nun meinem Glücksstern, daß es doch noch geschehen ist."

„Sehr gütig, Cousin. Ich will Sie aber nicht aufhalten —"

„Umgekehrt, schöne Virginia! Sie werden sich sehnen, den Gemahl zu umarmen. Auf Wiedersehen! General Janelli will mich in einer wichtigen Angelegenheit sprechen; er ist nur deshalb von Cosenza hierher gereist."

Virginia hatte kein Interesse, nach dieser wichtigen Angelegenheit zu fragen; sie würde auch beim besten Willen Emilio's keine Antwort erhalten haben, denn er wußte selbst noch nichts. „Dieser deutsche Stier!" murrte er für sich hin, als er von Virginia geschieden war und die Treppe hinabging. „Ist er etwa jünger als ich? Oder in seiner massiven Figur annehmlicher? Zu beneiden aber, denn sie ist wirklich ein göttliches Weib!" Unten an der Thür stand ein Diener in der braunen Livree des Hauses Angri, welche ihm hier, wie er sich gegen Camillo geäußert hatte, anstößig war. Dem Menschen aber, der sie trug, klopfte er vertraulich auf die Schulter und sagte: „Wenn Du einmal nach dem Gute kämest, nicht wahr? Da soll es herrlich sein!"

„Sehr schön, Illustrissimo! Aber dahin komme ich

nicht, denn jeder von uns hat seine Station", antwortete der Diener.

„Nun, wenn ich aber ein Liebchen dort hätte, wie Du", scherzte der Prinz, „so würde ich schon einmal Gelegenheit suchen hinzukommen; wär's auch nur auf einen Tag oder zwei!"

„Ach, ein Liebchen hab' ich dort nicht; sie will nichts von mir wissen. Und Erlaubniß hinzugehen bekomme ich auch nicht. Nur der Mas' Antonio, der nun fortgelaufen ist, durfte manchmal hin, der hatte aber auch seine Nichte dort."

„Doch nicht die schöne Procidanerin? Ei, Marco, da hast Du bei dem Onkel Deinen Vortheil nicht benutzt, solange er noch hier war. An Deiner Stelle würde ich mich einmal ohne Erlaubniß aufmachen; was können sie Dir viel thun?"

„Fortjagen!" sagte Marco kurz und bündig.

„Wär' das so schlimm? Ein Bursche wie Du findet überall sein Unterkommen; ich nehme Dich mit Freuden in meinen Dienst. Wenn Du also einmal hingehst, so sag' es mir, wie Du es dort getroffen hast. Hörst Du? Ich meine es gut mit Dir." Er reichte ihm ein Geldstück und ging seines Weges.

Virginia war unterdessen in ihre Zimmer getreten, um sich dort erst des Reiseüberwurfs zu entledigen;

dann trat sie vor den Spiegel. „Ich muß doch sehen, ob die Maske auch gut sitzt", waren ihre Gedanken, welche sich durch ein bitteres Lächeln äußerten, während sie sich die kleinen Löckchen über den Augen ordnete und die Kammerjungfer ihr noch einige Falten des Kleides zurecht zupfte. Lieb war es ihr, daß bei dem ersten Wiedersehen nach der Kriegsreise ihres Gemahls der Neffe zugegen war, seinetwegen mußte sie aber doch die Maske, welche sie gemeint, anlegen. „Es ist gut", sagte sie ungeduldig zu der Zofe, welche sie noch aufhalten wollte, und rauschte jetzt aus dem Zimmer durch die Reihe der Gemächer, die sie von denen ihres Mannes trennte. An der Thür stand sie einen Moment still und lauschte. Sie hörte ein lautes deutsches Gespräch, die starke Stimme des Grafen mit Lachen untermischt und den wohlklingenden Ton Alexander's. „Eine hundsföttische Canaille!" sagte der Graf und bekräftigte es mit einem Soldatenfluche. Wer damit gemeint war, ob Mensch oder Pferd, Virginia ließ ihm nicht Zeit zu weitern Erklärungen, sondern klopfte an und trat sogleich ein.

Die beiden Männer saßen sich gegenüber; auf dem Tische zwischen ihnen standen ein paar mit Stroh umflochtene Flaschen und Kelchgläser; es waren ja Deutsche! „Da ist sie!" rief der Graf aufstehend und ging seiner

Gemahlin entgegen, welche ihm, mit einem anmuthigen Gruße durch Blick und Hand für den Neffen, die Wange zum Kusse reichte, der sie jedoch kaum streifen durfte. Wahrlich, ein schönes Paar, wenn der Onkel Albrecht auch zwanzig Jahre älter sein mochte! Er, groß und stark, mit einem männlichen, noch immer frisch gefärbten Gesichte, welches durch große, lebhafte blaue Augen und einen starken, militärisch aufgestutzten Schnurrbart Charakter erhielt, sie das Bild weiblichen Liebreizes. Alexander konnte nicht anders, als beide für einander passend erkennen, aber es wollte sich ihm dabei das Herz zuschnüren und er wünschte sich weit hinweg.

„Siehst Du, Virginia, da hab' ich mir den Burschen schon eingefangen!" sagte der Graf, sich zu seinem Neffen wendend. „Er wollte erst nicht herkommen, sträubte sich wie ein Steppenpferd, dem man den Arkan über den Kopf geworfen hat — nicht stören, nicht lästig werden beim Wiedersehen! Dummes Zeug, Virginia, nicht wahr? Lafontaine oder Jean Paul — kenne die Kerls übrigens nicht! Zwischen uns ist Alles Decorum, keine Sentimentalität, wie? Setz' Dich zu uns, schenke ihm ein, vielleicht trinkt er Dir zu Liebe; mir hat er, Gott straf' mich! einen Korb gegeben, für den ich jeden Andern als meinen Neveu gefordert hätte!"

Alexander war in peinlichster Verlegenheit. Er hatte

seinen Onkel erst jetzt kennen gelernt, und wenn er auch nach Allem, was er von seinem unstäten Leben wußte, einen Sohn des Krieges, wie jene Zeit deren so viele hatte, in ihm zu finden erwartet, so überstieg doch diese Art und Weise alle seine Begriffe. Virginia schien aber nicht dadurch verletzt zu sein, es mochte die Arme nicht mehr überraschen! Sie nahm Platz auf dem Polstersessel, der noch leer stand, und sagte zu dem Neffen: „Ich bin zum zweiten Male verschwunden, ohne irgend eine Erklärung für Sie; hoffentlich sind Sie mir nicht böse gewesen. Es freut mich, Sie noch zu sehen, da Sie sonst die angenehme Bekanntschaft Ihres Onkels nicht gemacht haben würden." In ihrem Blick und Ton lag ein Commentar zu ihren Worten, der aber beiden Männern verloren ging, wenn auch bei jedem aus andern Gründen.

„Ja, es ist toll, daß ich den Jungen erst heute als gut abgewachsenen Zwanziger zu Gesicht bekomme!" rief der Graf. „Du siehst Deinem Vater übrigens sehr ähnlich, Alexander, wie er so in Deinen Jahren war. Puder und Zopf, eine grüne Pikesche, große Reitstiefel mit Pfundsporen und eine dicke Reitpeitsche, so wär' der Hans fertig. Das war ein Kerl, Virginia!"

Virginia sah das aufsteigende Erröthen im Gesichte des jungen Freiherrn. Es wäre ihrer Gewandtheit ein Leichtes gewesen, dem Gespräch, das für Alexander verletzend schien, eine andere Richtung zu geben, aber sie ließ ihm seinen Lauf. „Vertragen haben wir uns nie!" fuhr der Graf fort. „Er kündigte mir schon, als wir noch unreife Bengels waren, einmal das brüderliche Du auf und wir hätten uns beinahe auf geschliffene Rappiere duellirt — warum, das werde ich Dir einmal erzählen, Junge, wenn wir unter uns Jungfern sind, meine Frau ist etwas ängstlich in gewissen Dingen! Schenk' ihm doch ein, Virginia! Auf die Gesundheit meiner Frau wirst Du doch austrinken? Ich kündige Dir sonst auch die Brüderschaft auf."

Alexander wußte sich nicht anders zu helfen, um Virginia der Verlegenheit zu überheben, als daß er sich selbst einschenkte, mit dem Onkel anstieß, wie dieser verlangte, und das Glas, nach einer ziemlich ungeschickten Verneigung gegen sie, auf einen Zug leerte.

„Bravo!" sagte der Onkel. „Wie alt ist Dein Vater eigentlich geworden? Er hat sehr spät geheirathet; das soll für alte Männer der Genickfang sein. Deine Mutter ist aber wohl ein vorzüglich sanftes Frauenzimmer gewesen, nicht blos auswendig. Er war fünfundzwanzig Jahre älter als ich — nicht etwa eine so lange Pause, Frau! Zwischen uns sind sieben oder acht Geschwister gestorben. Ich war aber richtig dadurch bis an den Hans heranavancirt und der nächste nach ihm zum

Majorat, er aber nun schon in den Fünfzigen; kein Mensch glaubte, daß er noch heirathen werde. Es verging noch eine Reihe von Jahren, ich war draußen in Paris und freute mich meines Daseins — sticht ihn, Gott verdamm' mich! der Hafer noch, freit um eine steinreiche Nachbarstochter, bekommt sie und nach Jahresfrist einen Sohn und Erben! Ich war um das Majorat, das ich schon in der Tasche hatte, und saß nun mit einer Schuldenmasse da, daß mir die Haare zu Berge standen! Komm her Alexander, stoß an! Du sollst leben! Glaube nicht, daß ich Dir je das Leben mißgönnt habe; ich male mich nicht besser, als ich bin, will aber auch nicht schlechter heißen! Jetzt nun gar, wo ich's nicht mehr brauche, wo ich in der Wolle sitze und mein Glück mit einem Engel theile."

„Mein theurer Onkel", fiel jetzt Alexander fast in Verzweiflung ein, „ich kann Dir versichern, daß der Vater von Dir niemals unfreundlich gesprochen hat. Ich danke Dir für Deine Gesinnung gegen mich; wenn wir einmal allein sind, wollen wir die Vergangenheit unserer Familie recht besprechen."

„Er denkt, Du bekommst eine üble Meinung von mir", wandte sich der Graf lächelnd an seine schweigende Gemahlin, welche ihn mit feinem Lächeln in seinem Redeflusse gewähren ließ und nur von Zeit zu Zeit auf Alexander einen Blick richtete, welchen dieser unbegreiflich fand. Fühlte sie denn gar nichts bei diesen unzarten Reden, oder verbarg sie als kluge Frau ihr Gefühl vor den Augen eines Dritten? Alexander konnte die Rücksichtslosigkeit seines Onkels nur der Wirkung des feurigen Lacrymä Christi zuschreiben, dem er, nach des Neffen Begriffen, stark zugesprochen hatte; er war aber darin sehr im Irrthum, der Onkel würde schallend gelacht haben, wenn man ihn verdächtigt hätte, von zwei Foglietten die leichteste Wirkung zu spüren. Indessen hatte sein Einspruch doch dem Familiengespräch ein Ende gemacht.

„Langweilig wird es Dir allerdings sein, Frau, die alten Geschichten zu hören!" sagte er. „Bist Du gesund? Wie sieht es in Deiner Rosenburg aus? Wächst es tüchtig heran? Ja, Freund, das mußt Du Dir ansehen. Bitte nur die Tante, daß sie Dich einmal mitnimmt. Der König hat es mir geschenkt, indessen sie ist nun doch die eigentliche Besitzerin, was will man machen? Ich kann Dich nicht hinbringen, bitte aber die Tante, so nimmt sie Dich mit in ihren Wagen; meinen Consens hast Du, ich bin auf einen so übersoliden Jüngling nicht eifersüchtig."

Alexander war jetzt völlig fassungslos, und Virginia's fragender Blick, der ihn streifte, trug dazu bei, ihn noch mehr zu verwirren. Wahrscheinlich wollte sie aus seinen

Mienen lesen, was er über diesen höchst unziemlichen Scherz denke. Zu ihrem Gemahle hatte sie noch kein einziges Wort gesprochen, kein Willkommen, keine Frage nach seinem Ergehen, nach den Gefahren, die er bestanden hatte. Alexander war so gespannt darauf gewesen. und nun kein einziges Wort! Wie war das möglich? Wie sollte er das verstehen? Jetzt aber, da der Onkel seinen eigenen Witz belachte, hörte Alexander endlich ihre Stimme in tieferem Tone als je: „Habt ihr das Schwert jetzt auf immer in die Scheide gesenkt?"

„Ha! Sie will mich sondiren! Ganz Neapel steht auf dem Kopf vor Neugier, was nun geschehen wird, ob wir die Herren Weißröcke von Norden, die Rothröcke von allen andern Seiten bald hier sehen werden — eine schöne Quetsche, wie ein sächsischer Offizier auf der Berezinabrücke sagte. Ja, meine reizende Virginia, da mußt Du nicht den Adjutanten, sondern den Chef der Armee und des Staats fragen. Meinem Könige ist nicht wohl bei der Geschichte, das sehe ich, aber er fragt natürlich einen, wie mich, der nur Soldat ist und sich um Alles andere wenig kümmert, nicht um Rath. Frage den König, Dir wird er vielleicht sein Herz ausschütten!"

Welche unfeine Verspottung! Virginia schien sich auch davon verletzt zu fühlen. „Eine Stelle Ihres Briefes habe ich nicht verstanden", sagte sie mit einem Blicke, welcher den Gemahl in seine Schranken zurückwies. „Sie schrieben, daß der König zum ersten Male muthlos geflohen sei —"

„Geflohen?" rief der Graf laut auflachend. „Ausgerissen, sag' ich Dir, wie Schafleder!" Bei dieser gemeinen Trivialität zuckte Alexander, wie von einem Natterstiche getroffen, aber sein Onkel fuhr lustig fort: „Das war eine Hasenhetze, sag' ich Dir; ich nehme mich gar nicht aus. Der alte Blücher — allen Respect vor ihm! — soll einmal gesagt haben, jeder Mensch trägt den Hundsfott in sich, es kommt nur darauf an, daß er nicht ans Tageslicht tritt. Ich hatte das bis jetzt nicht geglaubt; bei meiner ersten Affaire schlotterten mir zwar auch die Steigbügel, als eine Kugel nach der andern in unsere Schwadron einschlug und Leute und Pferde zusammenstürzten, aber ein alter Franzose, der neben mir hielt, ein baumlanger graubärtiger Kerl, sah streng auf mich nieder und sagte: „Sie müssen mehr à votre aise sein!" Eine angenehme aise! Indessen fruchtete sein Wort; ich schämte mich und habe die Anwandlung seitdem nie wieder gespürt bis auf die Hetze von Liebertwolkwitz, zwei Tage, ehe der große Betteltanz bei Leipzig vor sich ging! Ein Cavalleriegefecht, wie ich es in meinem Leben noch nicht mitgemacht habe, auch so leicht nicht wieder erleben werde! An der Moskwa hatten wir mehr Reitermassen in der Schlacht, aber nicht so zusammen, Schlag auf Schlag einhauend! Es war eine Pracht, es mit anzusehen. Sie hatten sich eine Weile hin und her geschlagen, wie es im Cavalleriegefecht geht; man wirft den Feind, wird von frischen Schwadronen wieder geworfen, neue Kräfte kommen uns zu Hülfe und das Blatt wendet sich abermals. Da wurde es eine Weile still, sie ließen von einander los, beide Theile gingen eine Strecke zurück, ralliirten und rangirten sich; vor der Fronte flankirten nur einzelne aufgelöste Züge und amüsirten sich mit Karabinerschüssen, die nicht trafen. Da ritt der König mit seiner ganzen Suite vor. Er hatte sich in sein schönstes Costüm geworfen — die Frau Gräfin Orkum hat ihn darin wohl schon als Prinzessin Angri bewundert, auch der Herr Neveu wird ihn abconterfeit gesehen haben. Gala zur Schlacht, das ist bei uns die Parole! Wir mußten ihm Vorsprung lassen, damit er von Freund und Feind recht angestaunt werden konnte. So ritt er im Paradegalopp, der Suite wohl fünfzig Schritt voraus, die Fronte unserer Colonnen entlang, die er nachher persönlich zur Attake führen wollte, und wandte sich dann weit vorwärts nach der feindlichen Seite, um auch dort sich zu zeigen. Ich habe es in Rußland erlebt, daß ihm die Kosaken, die seine

Courage ehrten, ein donnerndes Hurrah brachten, als sie ihn in seiner Pracht zu Gesicht bekamen. Die preußischen Dragoner waren aber nicht so höflich. Er hatte sich an ihre Flanqueurlinie so nahe herangemacht, daß wir ihre rosenrothen Kragen, ihre weißen Knöpfe hätten zählen können; auf einmal schießt ein Offizier wie eine Rakete aus den Plänklern vor, drei, vier seiner Leute fahren ihm nach. Kinder, da hatte der alte Blücher Recht. Wir rissen aus, ich kann's auf Ehre nicht anders nennen, Keiner dachte nur daran, daß er eine Plempe an der Seite hatte! Wenn eine Schwadron geworfen ist, muß sie machen, daß sie aus dem Spiel kommt; das wird kein Mensch eine Schande nennen; im Gegentheil, das gehört sich, damit sie Zeit gewinnt, wieder Fronte zu machen und von neuem zu attakiren. Aber wir, ein solcher Schwarm von hohen Offizieren, Galopins und Ordonnanzen und der König, vor einem preußischen Dragonerlieutenant! Murat, im Stich gelassen, konnte denn auch nichts thun, als Draht ziehen, denn auf ihn machten sie allein Jagd. Der Offizier hatte einen prächtigen Läufer, und wir, im vollen Hetzen seitwärts von ihm, sahen, daß er ihn einholen mußte. Ich und viele wohl steuerten und lenkten nach Kräften, um dem Könige zu Hülfe zu kommen, aber in einem Schwarme von fünfzig, sechzig durchgehenden Pferden sollt Ihr's bleiben laſſen, Eure Mähre zu wenden! Da war der Preuße ſchon dicht auf, noch ein paar Sprünge und er konnte ihn, wenn er ſich nicht gefangen gab, herunterhauen, aber Profit! Ein Maréchal des Logis von uns hatte ſich doch losgeeiſt und den Preußen im letzten Augenblicke erreicht; er ſtieß ihm die Klinge in den Rücken, daß er vom Pferde ſtürzte, und die Hetze hatte ein Ende."

Beide Zuhörer hatten der Schilderung, welchen ihnen die Scene mit wahrhaften Farben, wie ſie nur der Soldat geben kann, vor Augen geführt, mit unverkennbarer Theilnahme zugehört, welche ſich, als der Graf geendigt hatte, bei Virginia zu Alexander's größter Ueberraſchung in ein faſt verächtliches Lächeln verkehrte. „Du sublime au ridicule!" ſagte ſie, was ihr Gemahl nur mit einem Achſelzucken aufnahm.

„Und wer war der Marſchall, welcher den König aus dieſer böſen Lage befreite?" fragte der Neffe ſchnell, um nur der ſcharfen Entgegnung, welche er fürchtete, zuvorzukommen.

Der Onkel war jedoch in beſter Laune; er lachte laut auf. „Ein Marſchall? rief er beluſtigt. „Bei uns trägt zwar jeder gemeine Voltigeur den Marſchallsſtab ſchon im Torniſter, aber vom Maréchal des Logis hat er doch noch einen weiten Weg bis dahin. Nein, mein gelehrter Freund, was bei der Infanterie Sergeant, das heißt bei unserer Cavallerie Maréchal des Logis. Es war ein ehrlicher Unteroffizier, der eher Herr über sein durchgehendes Pferd wurde, als wir. Der König hat ihn zu seinem Stallmeister ernannt, er ist mit hier, und wenn Du einmal den Retter Deines Monarchen sehen willst, Virginia — Nicht? Nun, ich dränge Dir seine Bekanntschaft nicht auf."

Alexander veranlaßte den Onkel, noch mehr aus dem kurzen ereignißreichen Feldzuge zu erzählen, und fragte dann, was nun aus dem Großherzogthum Berg, aus dem Königreich Westfalen und den andern Ländern des deutschen Rheinbundes werden würde, da die Verbündeten ganz Deutschland bis zum Rhein genommen.

„Wir haben in unserem Ländchen den Herrn in letzter Zeit so oft gewechselt", sagte er, „daß wir uns nach einer bleibenden Herrschaft sehnen."

„Kann nicht dienen, mein Herr Neveu", erwiderte der Graf. „Das kümmert mich nicht. Warte es nur ruhig ab. Einen Herrn werdet Ihr schon wieder bekommen."

Es war jetzt an der Zeit aufzubrechen. Alexander glaubte das Ehepaar in der Stunde des Wiedersehens nur zu lange schon belästigt zu haben; ihm fehlte aber unter vielen gesellschaftlichen Talenten auch das, sich leicht und gewandt verabschieden zu können. Gewöhnlich nahm in dem langen Haschen nach einem schicklichen Momente sein Aufbruch etwas Plötzliches und Hastiges an. So auch heute.

„Nun, was hat Dich denn auf einmal gestochen?" fragte der Onkel, als er mitten im Gespräch aufstand.

Die Entschuldigung, welche er äußerte, war noch ungeschickter. Virginia half ihm aber mit ihrer vollen wiederkehrenden Anmuth über die Verlegenheit hinweg. „Wenn Sie einmal die Prunaja oder den Dornstrauch, wie das Landgut volksthümlich heißt, in der nächsten Woche besuchen wollen", sagte sie freundlich, „so können Sie mich dahin begleiten, ich werde dort eine längere Zeit zubringen." Sie reichte ihm dabei die Hand, welche er in seiner ersten Freude herzhaft drückte. Aber er besann sich sogleich, verbeugte sich ehrerbietig und sprach seinen Dank für die gütige Einladung aus, die er jedoch wegen seiner bevorstehenden Abreise wohl nicht werde annehmen können.

„Damit haben Sie mir schon oft gedroht!" sagte sie lächelnd. „Ich hoffe, lieber Cousin, daß Sie als ein echter Freiherr, der nur nach seinem eigenen Willen lebt, sich auch von ängstlichen Rücksichten auf Ihre gelehrten Zwecke frei machen werden. Sie haben noch ein langes Leben vor sich und können darin mehr studiren, als es Ihrer künftigen Frau lieb sein wird. Also auf Wiedersehen auch diesmal! Ich werde Ihnen Tag und Stunde meiner Abreise melden lassen, Sie können mich dann begleiten. Wollen Sie das, Cousin?"

„Versteht sich!" rief statt seiner der Graf. „Mache ihm aber nichts weiß, Virginia, vergib Dir nichts gegen ihn; Du bist nicht seine Cousine, sondern seine Tante, vor der er hoffentlich Respect haben wird. Leb wohl, närr'scher Kerl! Vielleicht bekehrst Du Dich hier, hängst Deine Gelehrsamkeit an den Nagel und wirst Soldat; ich stelle Dich dem Könige vor und Du bist Offizier. Noch hat sich kein Orkum auf die Gelehrsamkeit geworfen, Du bist der erste.

„Ich werde Deinen Vorschlag überlegen, Onkel Albrecht."

„Auf Wiedersehen!" sprach Virginia nochmals und er konnte die Thür gewinnen. Aber wie unzufrieden war er wieder mit sich selbst und seinem linkischen, unbeholfenen Betragen! Welch eine Unbefangenheit und Leichtigkeit besaß Virginia! Wie schön bewahrte sie ihre liebliche Haltung, das Ebenmaß in jeder Beziehung, auch wo sie doch unmöglich an den Manieren und Worten ihres Mannes Gefallen finden konnte! Sie hatte ihn kalt begrüßt, in der ganzen Zeit nur wenige Worte mit ihm gesprochen und ihn Sie genannt; es war Alexander nicht entgangen! Welch ein Verhältniß mußte hier stattfinden! Welch ein Streiflicht hatte dies Sie für Alexander in die ihm dunkeln Beziehungen des Ehepaares geworfen! Der Onkel ging mit ihr vertraut um, soldatisch frei, Alexander nannte es nach seinem Gefühl roh; glaubte sie ihn durch das Sie, was vielleicht hier in höhern Ständen Sitte war, in feinere Schranken zu weisen? In seinen Reden machte er offenbar Anspielungen, welche sie verletzten; er that dies absichtlich, wie Alexander bei seiner geschärften Aufmerksamkeit nicht übersehen hatte, obgleich ihm Alles unverständlich geblieben war. Sollte es nur Neckerei, unzarter Scherz sein oder steckte mehr dahinter? Der Jüngling hatte in der kurzen Spanne Zeit, welche er hier verlebt, mehr Fortschritte in der Menschenkenntniß gemacht, als früher in langen Jahren. Er sagte sich, daß zwischen Virginia und seinem Onkel kein glückliches Verhältniß obwalten könne, und er wurde dabei tief traurig. Aber diese Wahrnehmung bannte ihn wiederum in den Zauberkreis, den er schon durchbrochen zu haben glaubte; er mußte Gewißheit haben, er konnte nicht mit den quälenden Zweifeln, die ihn jetzt bewegten, auf Nimmerwiedersehen von Virginia scheiden.

Vom Prinzen Camillo hatte er schon Abschied genommen, da er wirklich die Absicht gehabt hatte, sich heute auch bei der Tante nach ihrer Rückkehr zu empfehlen. Den Herren, deren Bekanntschaft er sonst gesucht hatte, um ihre Unterstützung bei seinen Studien zu gewinnen, den Bibliothekaren und Custoden, Professoren und Archäologen — es war eine nicht unbedeutende Zahl — hatte er bereits seinen Dank ausgesprochen. Mit dem ernstern Theil seiner hiesigen Aufgabe hatte er abgeschlossen, wenn er sich auch leider sagen mußte, daß er seine Zeit und Gelegenheit nicht nach Gebühr wahrgenommen habe und bei weniger Zerstreuung größere Resultate hätte gewinnen können. Seine Arbeiten wieder aufzunehmen, auch wenn er jetzt noch einige Zeit länger verweilte, hatte er nicht im Sinne; er versprach sich keinen Vortheil davon, sein Sinn war ihnen entfremdet worden! Er brauchte daher mit jenen Herren nicht wieder anzuknüpfen; begegnete ihm einer und wunderte sich, daß er noch hier sei, so konnte er ihm ja, wie seine deutsche Gewissenhaftigkeit forderte, eine Erklärung geben. Aber Virginia's Bruder glaubte er von seinem veränderten Entschlusse eine Mittheilung machen zu müssen, da er ihm in anderer Beziehung so viele Aufschlüsse über die hiesigen Zustände verdankte. Nur über diejenigen Verhältnisse nicht, welche Alexander immer näher zum Herzen gingen, über die Verhältnisse in seiner Familie. Alle die Fragen, welche der großen Welt noch heute unbeantwortet geblieben waren, hatten sich allmälig auch Alexander aufgedrängt. Camillo, dessen ganzes Wesen gegen ihn so klar und durchsichtig schien, daß er mit Vertrauen selbst die schwierigsten Probleme im Staatsleben dem jungen, ihm fast ganz fremden Manne entwickelte, Camillo hätte ihm vielleicht jene Fragen gelöst, wenn er den Muth gehabt hätte, sie ihm vorzulegen. Wie er Virginia und ihn kannte, war es unmöglich, daß sich dabei etwas enthüllen konnte, dessen sie sich zu schämen hatten. Wenn er nun heute, nachdem er einen Einblick in das Verhältniß Virginia's zu seinem Onkel gewonnen, den Muth faßte, eine offene, vertrauensvolle Frage, zu der ihn seine Verwandtschaft berechtigte, an Virginia's Bruder zu richten?

Er fand ihn daheim, in ungewohnter Laune, wie er gleich beim Empfange bemerkte. Die Klarheit seiner Stirn war verschwunden, er begrüßte den Neffen seines Schwagers höflich, aber nicht so freundlich wie sonst, und damit war für diesen Alles vorbei. Er erklärte sein Kommen damit, daß er es für seine Schuldigkeit gehalten, ihn von seinem Entschluß, die Abreise zu verschieben, in Kenntniß zu setzen, weil er sich sonst darüber wundern müsse, ihn noch hier zu sehen. Was ihn dazu bewogen hatte, sprach er nicht aus, aber Camillo bedurfte dessen auch nicht, um ihn zu durchschauen. Zerstreut hatte der Prinz die etwas lange Erklärung angehört, in welcher sich Alexander ein paarmal festspann; er schien aber zuletzt sich von den Gedanken, die ihn verstimmt haben mochten, loszureißen, und die Wolken, die auf seinen Brauen gelastet hatten, verzogen sich. Herzlich gab er Alexander jetzt die Hand und hieß ihn, wie er sich ausdrückte, als neugeschenkt willkommen. Keine Frage nach seiner Schwester! Der Jüngling hatte sich zu viel zugetraut, als er den Vorsatz gefaßt, der ihn hierher geführt hatte. Camillo war wohl der Mann, Fragen zu stellen, nicht aber solche an sich richten zu lassen. Indessen wäre es unnatürlich gewesen, wenn Alexander von dem Besuche im Hause seines Oheims, von welchem er eben kam, gar nicht gesprochen hätte. Er erzählte, daß er gegen seine ursprüngliche Absicht zugegen gewesen, als die Tante zurückgekommen sei, und daß sein Onkel viel Interessantes aus dem Kriege erzählt habe. Camillo ließ sich davon Einiges wiederholen, das ihm Antheil einzuflößen schien, dann fragte er, ob der Graf sich auf längeres Bleiben eingerichtet habe, worauf Alexander jedoch keine Antwort geben konnte. Freilich sagte er sich jetzt selbst, daß nach der erschütternden Katastrophe in Deutschland der König von Neapel nicht daran denken könne, sich theilnahmlos in seine Staaten, wie in eine sichere Freistatt, zurückzuziehen und den Sturm an sich vorüberbrausen zu lassen, daß er irgend einen Entschluß fassen und handelnd auftreten müsse, daß also für alle, welche an seine Person gebunden, ein längeres Stillleben daheim unmöglich sei; das war so einfach und er hatte doch im Hause seines Onkels nicht daran gedacht! Vielleicht in den nächsten Tagen schon, wenn der König seine Staatsangelegenheiten geordnet hatte, reiste er mit seinen militärischen Begleitern wieder zur Armee ab. Alexander fühlte, daß er bei diesem Gedanken erröthete. Camillo schien das aber nicht zu bemerken.

„Sie haben Ihr Vaterland in einer großen Zeit verlassen", sprach er. „Mißverstehen Sie mich nicht! Ich bin fern davon, Ihnen einen Vorwurf daraus zu machen. Sie haben sich, als Sie unabhängig wurden, dem Dienste Ihres Staates nicht geweiht, weder mit dem Degen, noch mit der Feder; ich begreife das vollkommen. Vielleicht verständigen wir uns einmal darüber, daß ich anders gehandelt habe. Vorauszusehen war es nicht, wie sich die Ereignisse zu diesem gewaltigen Umschwunge entwickeln würden, sonst wären Sie vielleicht doch, Ihre wissenschaftliche Reise vertagend, auf Ihren Gütern geblieben, um zu rechter Zeit in die Geschicke Ihres Landes, wie es dem Grundherrn geziemt, einzugreifen. In Deutschland ist eine Erhebung des Volks eingetreten, wie sie fast beispiellos in der

Geschichte ist; mit jedem Fußbreit, welchen Napoleon's Heere ihren Gegnern räumen mußten, sind neue Schaaren gleichsam aus der Erde gewachsen, die Feinde zu vermehren, und in Ihrer engern Heimat wird es auch nicht anders sein. Haben Sie keine Nachrichten von dort?"

Jetzt wurde die Glut, welche aus einem ganz andern Grunde in Alexander's Wangen gestiegen war, zur wirklichen Schamröthe. Er mußte sich gestehen, daß er fern vom Vaterlande die Geschicke desselben nur vom historischen Standpunkte betrachtet, daß er, wie ein Träumer in seine abstracten Studien versenkt, des Vaterlandes beinahe vergessen, und gerade weil er die großen Beispiele classischer Vorzeit vor Augen hatte, mußte ihn Camillo's Rede empfindlich treffen. „Sie haben Recht!" sagte er. „Hätte ich im vorigen Herbst, als ich meine Heimat verließ, ahnen können, was sich im Laufe weniger Monate begeben würde, so hätte ich sie nimmer verlassen. Aber wie sollte ich in ihre Geschicke eingreifen? Haben wir noch ein gemeinsames Vaterland? Es ist zerrissen. Wer ist mein Landesherr zum Beispiel? Ein Knabe, für den das Land verwaltet wird, kein deutscher Fürstensohn, ein Fremder, wie unser Nachbar auf dem Throne von Westfalen! Der Kaiser Napoleon — doch ich verletze Sie, ich vergesse, daß Sie ein Staatsdiener des Königs von Neapel sind. Sagen wollte ich nur, daß für mich, den einfachen und unerfahrenen jungen Menschen, auf dem heimischen Besitzthum sich wohl kaum ein Feld der Thätigkeit eröffnet hätte, da ich — verzeihen Sie mir die offene Aeußerung! — für den Imperator, dem wir gehorchen, kein Herz habe. Nachrichten aus der Heimat sind in letzter Zeit für mich gar nicht eingelaufen; ich stehe mit Niemand in einer Correspondenz von einigem Interesse und die Verwaltung meiner Besitzungen habe ich in treuen Händen zurückgelassen. Mein Onkel konnte mir auch nicht viel sagen, er hat mit seinem Könige den Kaiser in Erfurt schon am 25. October verlassen. Seitdem sollen die Verbündeten, wie er behauptet, bis zum Rhein vorgedrungen sein, also alles Land erobert haben, was dem Kaiser noch in Deutschland zu Gebote stand. Gott weiß, was damit geschehen wird, ob die alten Gebiete sämmtlich wiederhergestellt werden! Was soll ich jetzt, der Einzelne, dort? Daß die Jugend in Preußen und, ihrem Beispiel folgend, Schritt für Schritt, je weiter die Franzosen gewichen sind, die Jugend in andern deutschen Ländern zu den Waffen gegriffen hat —"

"Nun, Sie stocken, Alessandro? Hätten Sie, wenn Sie in diesem Frühlinge daheim gewesen wären, nicht auch die Waffen ergriffen für die Freiheit Deutschlands?

Doch ich will Sie nicht weiter quälen. Sie möchten am Ende glauben, daß ich als Staatsrath des Königs von Neapel Sie über Ihre Gesinnungen ausforschen und als einen Feind des Kaisers der geheimen Polizei überliefern wolle. Ich achte jede Ueberzeugung, wenn sie nur eine wahrhafte und feste bleibt. Der Kampf, mein junger Freund, ist aber noch nicht zu Ende; es wird nicht so leicht sein, den Imperator, wie Sie ihn nennen, zu stürzen und eine neue Ordnung der Dinge in Europa herbeizuführen. Darum würden Sie, der Einzelne, noch immer nicht zu spät kommen. Als Feudalherr — das sind Sie doch noch trotz aller Abolitionen — könnten Sie vielleicht mit zwanzig, dreißig Reisigen zum deutschen Heere stoßen!"

„Verspotten Sie mich nicht!" bat Alexander, der zu seiner Erleichterung sah, daß Camillo von dem Thema, welches für ihn auf einmal tausend Dornen hatte, abzulenken begann. „Mein Onkel hat mir auch meine Unfähigkeit in praktischen Dingen vorgeworfen. Doch werde ich mich schon hineinfinden, wenn ich meinen rechten Standpunkt gewonnen habe. Ich gebe, wie ich Ihnen schon früher sagte, meine weitern Reisepläne auf und kehre nach Hause zurück, vielleicht mit meinem Onkel."

„Glauben Sie?" fragte Camillo. „Doch wir wollen

der Zeit nicht vorgreifen. Ist meine Schwester heute erst angekommen? Von wo?"

Das wußte er nicht! Jetzt war vielleicht der Moment, der augenblicklich benutzt werden mußte! Alexander, nachdem er die Fragen beantwortet hatte, äußerte mit bewegtem Tone, der aber bei jedem Worte an Zuversicht verlor: „Ich habe meinen Onkel jetzt erst kennen gelernt. Ich wußte von ihm nichts, als was mir mein Vater erzählt hatte; die Brüder waren nie recht einig gewesen —" Hier stockte er und Camillo schwieg.

„Ich fürchte", fuhr der Jüngling fort, und es war, als risse ihm eine fremde Gewalt das Wort vom Herzen, „ich fürchte, daß Ihre Frau Schwester nicht glücklich ist."

Da ergriff Camillo seine Hand und drückte sie stark. „Ich weiß, daß Sie es gut mit Virginia meinen", sagte er. „Bleiben Sie ihr immer ein zuverlässiger Freund!"

Ehe Alexander eine Antwort fand, wurde ein fremder Besuch gemeldet: General Janelli. Der junge Freiherr griff sogleich zu seinem Hute. Er sah, daß Camillo's Antlitz, das gegen ihn zuletzt so freundlich geworden, sich wieder verändert hatte, ob infolge der Wendung, welche ihr Gespräch genommen, oder durch die Unterbrechung desselben, wußte er nicht, aber es war jetzt wieder die verdüsterte Stirn, mit welcher Alexander empfangen worden war. Der Prinz beherrschte deren Ausdruck jedoch so, daß sie sich flugs wieder glättete.

„Keinen gänzlichen Abschied also vor der Hand!" sagte er, als Orkum sich empfahl. Der Diener wartete noch auf Bescheid für seine Anmeldung und erhielt ihn jetzt. Alexander fand im Vorzimmer den General, der seinen Gruß im Vorübergehen höflich erwiderte.

„Wer war das?" fragte derselbe den Diener, der ihn bat, näher zu treten.

„Ein Baron Orkum, Vetter des Obersten", berichtete der Diener.

„So, so!" rief der General und warf dem Deutschen noch einen schnellen Blick nach, der ihn aber nicht mehr traf. Die Thür hatte sich schon hinter ihm geschlossen.

Drittes Kapitel.

Die Räthe der Krone.

„Ich komme noch einmal, Don Camillo, um Ihnen das Resultat meiner Besprechung mit Ihrem Herrn Vetter zu melden."

Der Prinz bat den General, Platz zu nehmen.

„Nur einen Moment!" sagte dieser. „Wir dürfen keine Zeit verlieren, wenn wir handeln wollen." Er setzte sich aber sehr bequem nieder und fuhr fort: „Ich bin jetzt vollkommen orientirt und glaube, daß mir der Fang nicht entgehen kann. Ihr Herr Vetter ist mit dem Manne bekannt und hat mir gezeigt, wie er zu fassen ist."

„In der That!" versetzte Camillo.

„Sie nehmen natürlich das größte Interesse daran, da Sie bei der Sitzung über diese Angelegenheit wahrscheinlich durch Ihr Votum den Ausschlag zum Vorgehen der Regierung gegeben haben. Uns, die wir noch immer nicht recht wußten, wie wir handeln sollten, bald zu viel, bald zu wenig, war es lieb, daß endlich die

Verordnung erschien. Die Umtriebe der Carbonari mit dem Feinde sind entdeckt, die Gesellschaft ist geächtet und mit den schwersten Strafen bedroht. Nun weiß man, woran man ist. Wir sind Ihnen sehr dankbar."

„Sie thun mir zu viel Ehre an, Don Annibale; ich habe dies Decret nicht veranlaßt und will mich nicht mit fremden Federn schmücken. Der König fragte auch mich um meine Ansicht; ich war aber nicht für übertriebene Strenge."

„Ja, mein gnädiger Herr, wie wollen Sie aber sonst mit der Gesellschaft fertig werden?" rief der General. „Mit Güte kommt man nirgends weit in der Welt, amnestirte Verbrecher sind neue Feinde, um so erbitterter, weil sie gedemüthigt worden sind. Ich ehre Ihre milde Gesinnung, die überall gern schonen möchte, aber es freut mich nun doch, daß der König diesmal nicht auf Sie gehört hat. Wir können jetzt der Sache ein schnelles Ende machen."

„Glauben Sie das?" entgegnete der Prinz.

„Ganz gewiß! Dieser Capobianco ist das Haupt der Carbonari. Ein junger Mann von Vermögen, angesehen in seiner Gegend, Chef der Stadtmiliz in seinem unzugänglichen Felsenneste, das auf einem der steilsten Berge der Prima Calabria liegt, von kühnem, unternehmendem Geiste und, was das Gefährlichste ist, ein ausgezeichneter

Redner, dessen Worte unter dem Volke wie lebendiges Feuer zünden sollen."

„Das klingt allerdings sehr gefährlich. Haben Sie aber sichere Beweise, daß dieser Mann das Haupt der Carbonari ist? Soweit unsere Ermittelungen über diese geheimnißvolle Verbindung reichen, ist dieselbe, um der Möglichkeit des Verraths nach Kräften vorzubeugen, gar nicht unter einem Haupte vereinigt, sondern besteht nur lokal mit gewissen Mittelpunkten."

„Gleichviel! General Manches sagt mir, daß es vorzüglich darauf ankommt, gleich von vornherein ein Exempel zur Abschreckung zu statuiren. Der Capobianco hat die Aufmerksamkeit auf sich gezogen, er gilt bei uns für das Haupt der Carbonari, gleichviel, ob mit Recht oder Unrecht; wir wissen, daß er allerlei Reisen macht und mit äußerster List und Kühnheit Zusammenkünfte veranstaltet; es wird Ihnen nicht unbekannt geblieben sein, daß er sich sogar erfrecht hat, in der Villa Angri bei Ihrer Frau Schwester eine solche zu halten —"

„Sie wählen falsche Ausdrücke, Herr General!" unterbrach ihn Camillo kalt. „Bei meiner Schwester, sagten Sie?"

„Bitte um Verzeihung!" rief Janelli lachend. „Ich meinte natürlich nur im Garten, der Ihrer Frau Schwester gehört, und ohne deren Vorwissen. Wäre es anders gewesen, so bin ich fest überzeugt, daß Sie selbst schon einen Befehl des Königs gegen die eigene Schwester erbeten haben würden!" Der Prinz verneigte sich. "Glücklicherweise haben wir aber bis jetzt in dieser Sache noch nicht mit Damen zu kämpfen", fuhr der General heiter fort; "das würde unsere Aufgabe noch mehr erschweren durch Conflicte mit der Jugend und Schönheit, deren Versuchung mancher von uns erliegen würde. Damen haben wir zum Glück noch nicht unter den Carbonari ermittelt."

"Sie vergessen die Dame der Königin von Sicilien!" sagte Camillo, der das Gespräch, das nur ein kurzes sein sollte, nicht ohne Absicht verlängerte.

"Ach, die Dame von Villa Transa! Ja, die macht uns freilich viel Noth, wenn auch nicht durch Jugend und Schönheit! Von ihr mag Vieles ausgehen, was die Königin dann vertreten muß. Wenn es nach der Villa Transa ginge, so wäre unser ganzes sündiges Neapel mit uns allen, die wir zum König Joachim halten, bereits wie Sodom und Gomorrha von der Erde vertilgt, oder ein sanfter Aschenregen von sieben Tagen und sieben Nächten hätte uns eingedeckt wie Herculanum und Pompeji. Der Himmel erhört ihre freundlichen Wünsche aber nicht, und so bleibt der Dame denn nichts übrig, als irdische Feinde auf uns zu hetzen, soviel sie deren aufhetzen kann. Sie hat die Hände bei unsern Carbonari im Spiel, das gebe ich Ihnen zu. Verzeihen Sie aber nur, ich bitte Sie nochmals, daß ich die Ehrfurcht vor der Frau Gräfin Orkum durch eine falsche Präposition verletzte. In der Villa Angri und zwar in der reizenden Grotte, die ich noch als Gast Ihres Herrn Vaters betreten habe, ist aber der Capobianco mit einigen andern Häuptern zusammengekommen, das hat die Polizei ganz bestimmt ermittelt. Auch sitzt ja ein Gondolier Ihrer Frau Schwester deswegen im Gefängniß."

„Wie?" rief der Prinz überrascht, ja fast betroffen.

„Das wissen Sie nicht?" entgegnete der General. „Und die Frau Gräfin hat sich doch für ihn verwandt? Die beste Verwendung durch Sie scheint sie also nicht gewünscht zu haben; ich kann es mir denken! Ihre unbeugsame Gerechtigkeitsliebe würde nicht zu bewegen sein, den geringsten Schritt zu thun. Ich begreife das vollkommen."

„Daß sich meine Schwester ihres Dieners annimmt, werden Sie hoffentlich ebenso vollkommen begreifen", erwiderte Camillo, welcher die momentan verlorene Selbstbeherrschung wiedergewonnen hatte. „Mir ist von der Sache nichts bekannt geworden, vielleicht aus dem Grunde, den Sie angenommen haben. Wenn der Mensch sich hat verleiten lassen, der Zusammenkunft der Verschworenen, vielleicht um eines elenden Trinkgelds willen, Vorschub zu leisten und ihr die Grotte zu öffnen, so mag er dafür büßen. Meine Schwester hat sehr richtig erkannt, daß ich keine Veranlassung finden würde, seinetwegen ein Wort zu verlieren. Das Recht muß seinen Lauf haben."

„Gewiß, das Kriegsrecht vor allem!" sagte Janelli. „Stünde nur erst der Capobianco vor seinen militärischen Richtern! Indessen haben die Andeutungen Ihres Herrn Vetters Don Emilio mir Hoffnung gemacht; ich weiß wenigstens, wie dem Manne beizukommen ist. Zeit darf aber nicht verloren gehen, hier kann jede Minute kostbar werden; denn wenn er gewarnt wird, könnten wir leere Netze zuziehen. Ich will mich darum nicht länger aufhalten. Was mich aber noch außerdem zu Ihnen geführt hat, ist eine Nachricht, die mir unterwegs zu Ohren kam; von Ihnen glaubte ich die beste Auskunft zu erhalten, ob sie wahr ist."

„Von mir? Sie erweisen mir wiederum zu viel Ehre! Ich erfahre nicht mehr als jeder Andere."

„O, Sie sind bescheiden und klug, Don Camillo! Sie wollen Ihre eigentliche Stellung, die noch eine ganz andere ist als die officielle, welche Sie bekleiden, verleugnen, um nicht zu viel um Ihre Verwendung gebeten zu werden. Ganz Neapel weiß aber, welchen Werth der König auf Sie legt!"

„Halten auch Sie mich für den politischen Beichtvater des Königs?" erwiderte Camillo lachend. „Was haben Sie für eine Nachricht gehört? Wenn ich, ohne das politische Beichtgeheimniß zu verletzen, Ihnen Auskunft geben kann, stehe ich zu Diensten."

„Waffenstillstand am Po?" fragte Janelli. „Der Vicekönig soll die Oesterreicher neuerdings zum Rückzuge von Ravenna genöthigt und mit ihnen einen Waffenstillstand geschlossen haben. Ist das begründet?"

„Waffenruhe, nicht Waffenstillstand, sagte mir ein hoher Offizier und bemühte sich, mir, dem Laien, diesen Unterschied begreiflich zu machen. Daß in der letzten Zeit die Waffen geruht haben, weiß man in Neapel schon lange. Von einem förmlich abgeschlossenen Waffenstillstande ist mir nichts bekannt. Wie sollte sich auch eine militärische Nachricht zu mir verirren? Fragen Sie im Kriegsministerium."

„Ihnen ist nicht beizukommen!" versetzte der General. „Wenn aber zwischen dem Vicekönig und dem neuen österreichischen General-en-Chef wirklich ein Waffenstillstand abgeschlossen ist, welche Folgen kann das haben? Wie ich höre, hat der Präsident des Hofkriegsraths, der Feldmarschall Graf Bellegarde, das Commando der österreichischen Armee in Italien erhalten, und wenn zwei solche Autoritäten, wie er und Eugen Beauharnais, Waffenstillstand schließen, so kann es nicht anders als auf allerhöchste Ermächtigung und ein Vorbote des allgemeinen Friedens sein. Das würde auf uns, auf den König und seine ganze Position bedeutende Wirkung haben. Sie lachen mich aus, Prinz Angri, daß ich Ihnen hier Geschichten erzähle, welche Sie lange schon wissen, und von Ihnen Aufschlüsse erwarte, die Sie mir nicht im Traume geben wollen. Lassen Sie mich hoffen, daß ich meinen Zweck mit Capobianco besser erreiche als bei Ihnen, und verzeihen Sie meine Dreistigkeit."

Camillo gab ihm beim Abschiede nochmals die Versicherung, daß er über diese Angelegenheit in der That nicht mehr wisse als er; der General wollte sich jedoch von seiner vorgefaßten Meinung nicht abbringen lassen. Und es schien, als solle er darin bestärkt werden, denn noch in seinem Beisein erhielt der Prinz einen Befehl, der ihn zum Könige beschied. Mit einer tiefen Verbeugung und einem bedeutungsvollen Lächeln empfahl er sich. Camillo ging ein paarmal hastig in seinem Zimmer auf und ab, ehe er Anstalt traf, dem erhaltenen Befehle nachzukommen; nicht die Nachricht von dem abgeschlossenen Waffenstillstande beschäftigte ihn — sie war in der That auch unrichtig! — wohl aber, was

Janelli von einem verhafteten Gondolier seiner Schwester erzählt hatte. Der arme Mas' Antonio, der sich schon gegen ihn ziemlich ungeschickt verrathen hatte, war nun in die Grube gefallen, aus der kein Entrinnen! Wie konnten sie aber auch einen so plumpen Gesellen zu Diensten verwenden, denen er nicht gewachsen war! Camillo ging mit sich zu Rathe; er stand mitten in seinem Umherkreuzen still und blickte zu Boden. Dann wandte er sich gelassen nach dem Klingelzuge und gab Befehl zum Anspannen.

Der König war nicht allein, wie Camillo erwartet hatte. Um ihn waren vielmehr von den Ministern und Generalen diejenigen versammelt, auf deren Urtheil, er das meiste Gewicht legte, und Camillo sah auf den ersten Blick, daß hier zwei entgegengesetzte Strömungen wogten und daß vor seiner Ankunft schon stark debattirt worden war. Er kam aber nicht zu spät; der König hatte ihn zu der Berathung, welche er pflog, gar nicht ziehen wollen, sondern zu einer Stunde herbefohlen, wo diese nach seiner Annahme beendigt sein mußte. Sie hatte sich jedoch, da die Gegensätze der Meinungen nicht zu versöhnen waren und der König vermied, sich für eine derselben zu entscheiden, länger verzögert und Prinz Camillo Angri mußte sofort eintreten; der König hatte dazu schon Befehl gegeben.

Es herrschte gerade eine Pause; offenbar schöpften die Parteien Athem zu neuem Kampfe; beide aber blickten freundlich dem Eintretenden entgegen in der Hoffnung, durch ihn einen Bundesgenossen zu erhalten und dann zu siegen, denn bis jetzt hatten sie sich mit ihren Argumenten ziemlich das Gleichgewicht gehalten. Es war allgemein bekannt, daß der König auf die Meinung des Prinzen Augri viel Werth legte, woraus Joachim gar kein Geheimniß machte, und so kam er gewiß, um den Ausschlag zu geben. Der König befahl ihm, Platz in der Versammlung zu nehmen, setzte ihn nicht erst in Kenntniß, worüber berathen werde, sondern gab dem Nächsten, dessen Ansicht er hören wollte, das Wort, und Camillo hatte dann sogleich das vollste Verständniß. Es war ein Conseil über die große Frage, welche der König bereits bei seiner Ankunft mit seiner Gemahlin besprochen hatte. Wie die Königin richtig vorausgesehen, waren die Unterhandlungen, welche die Verbündeten angeknüpft hatten, nicht aufgegeben; König Joachim hatte die Vorschläge, die ihm der Abgesandte des Kaisers von Oesterreich gebracht, wenigstens angehört und nicht unbedingt zurückgewiesen; so waren sie erneut worden und der König hatte bereits abgesondert und einzeln die Ansichten einiger seiner höchstgestellten Diener, denen er besondere Zuneigung oder Vertrauen schenkte, vernommen.

Heute war es denn eine Ausgleichung derselben, welche er in dem zusammenberufenen geheimen Conseil versuchte.

Von der einen Seite wurde ihm in der erneuten Discussion gesagt, daß bei den verschiedenen, vielleicht entgegengesetzten Pflichten, welche er als König von Neapel, französischer Bürger und Verwandter des Kaisers mit dem, was er seinem Ruhme bei der Mit- und Nachwelt schuldig sei, in Einklang zu bringen habe, nur gefragt werden könne, ob sich nicht alle diese Interessen in einem Punkte für den König und sein Volk vereinigten. In Europa walte der Kampf des neuen Jahrhunderts mit dem Alten; der Sieg könne niemals ein particulärer für einen Staat und ein Volk werden. Die französische Revolution, das Reich Bonaparte's, die neuen Könige, die französischen Staatsformen seien für die alten Herrscher identische Begriffe, daher ihre Friedensschlüsse, ihre Allianzen, ihre Freundschaftsversicherungen mit jenen nur Transactionen der Nothwendigkeit, ohne Verbindlichkeit für ihre Treue und ihr Gewissen. Kein neuer König dürfe hoffen, sich auf seinem Throne zu erhalten, wenn das Kaiserreich gestürzt sei, kein Volk, seine neuen Institutionen unter seinem alten Herrscher zu behaupten; der erste Act der Revolution wie die letzte segensreichste Verfügung eines neuen Königs würden gleichmäßig verabscheut und verdammt werden. Daher hätten Frankreich), der Kaiser Napoleon, König Joachim und das neapolitanische Volk gleiche Gefahren und Interessen; sie könnten nur mit einander stehen und fallen! Von dem Rufe und der Glorie des Königs wolle man nicht reden. Er verdanke das Diadem seinen Kriegsthaten, aber Bonaparte und Frankreich seien doch die Werkzeuge Gottes dazu geworden. Moreau könne sich für seinen Abfall durch die erlittenen Unbilden, Bernadotte durch die Interessen Schwedens und den Willen des Königs, seines Adoptivvaters, decken. Was würde aber die Welt zu Joachim sagen? Alles lege ihm die Pflicht auf, Frankreich treu zu bleiben. Dreißigtausend Mann unter ihm könnten Neapel gegen die sicilianischen und englischen Streitkräfte vollkommen vertheidigen, ebenso viel sich mit den italo-fränkischen Schaaren des Vicekönigs vereinigen und von Italien aus den Krieg und die Rache wieder nach Deutschland und Wien tragen. Italien, zwischen den beiden Armeen, werde die Basis mit unerschöpflichen Hülfsquellen für beide, welche auf innern Linien, also den kürzesten, in Verbindung stehen und deren jede im Falle des Unglücks sich auf die andere stützen, durch sie stärken könne. Was auch am Rhein vorfalle, der italienische Krieg werde immer lokal für sich bestehen, und wer ihn leite, zugleich die politischen Transactionen in seiner Hand haben. So allein sei ein glücklicher Ausgang sicher, und wäre diese Annahme irrig, so habe man in der schwierigsten Lage, wo Menschenurtheil zu Schanden wird, wenigstens auf den Rath der Ehre gehört.

Die andere Partei suchte diese Anschauung zu entkräften, ohne die persönlichen Gefühle des Königs zu verletzen. Sie ging von der Ueberzeugung — welche sie vorgab! — aus, daß, wenn die Einsicht Joachim's allein zu richten hätte, die Entscheidung bereits getroffen und Neapel mit dem größern und glücklichern Theile Europas verbündet sein würde. Bei solcher Entscheidung falle aber neben dem Interesse auch die Neigung ins Gewicht; der Königspflicht widerstrebe die Dankbarkeit, die Treue im Unglück, die Vaterlands- und Verwandtenliebe. Wohin werde sich der Sieg neigen? Die Natur der Dinge sage es. Joachim verdanke Frankreich und Bonaparte Alles; wenn Frankreich seines Arms bedürfe, so werde er hingehen, für Frankreich zu kämpfen oder zu sterben, und wäre des Kaisers Leben in Gefahr, werde er seinen Leib zu dessen Schilde machen. Aber im Dienste seiner Wohlthäter sein eigenes Volk in das Verderben stürzen, das heiße doch wohl eine Schuld auf fremde Unkosten abtragen. Vor wenig Monaten habe das Glück Italiens dem Wunsche weichen müssen, den der König gehegt, dem Kaiser der Franzosen persönliche, aber vergebliche Dienste zu leisten. Wenn er nicht nach Dresden gegangen wäre, sondern mit Lord Bentinck abgeschlossen hätte, so würde das Schicksal des Landes ein anderes sein. Es müsse endlich einmal aufhören, daß sich die Italiener für die Franzosen opferten; wenn sie ihnen weise Gesetze und wohlthätige Einrichtungen verdankten, so hätten sie diese Schuld mit Tribut und in Waffen längst abgetragen, und wenn Neapel durch seinen König groß und geachtet dastehe, habe es durch Gehorsam und Leiden das verdient. Verpflichtung und Dankbarkeit seien also gegenseitig. Wenn man, von den Leidenschaften der Gegenwart absehend, der Zukunft vorgreife und in einem Geschichtswerke der Nachwelt sich geschrieben denke: Joachim opferte der Liebe für seine Verwandten, der Dankbarkeit für empfangene Wohlthaten, den Interessen eines Landes, das seine Heimat war, sein Volk — und in einem andern Buche: Dem Volke, dessen König er war, opferte Joachim alle seine theuersten persönlichen Neigungen — und es stehe in der Macht König Joachim's, eins dieser Bücher zu vernichten, damit das andere als Wahrheit in Ewigkeit bleibe, welches werde er wählen? Der Beistand, welchen Neapel dem Kaiser leisten könne, sei nicht so groß. Von 45,000 Mann, und das sei die höchste Stärke der Armee, bedürfe man wenigstens 25,000 zur Vertheidigung von Neapel, könne also nur

20,000 zum Vicekönig stoßen lassen, wo dann 60,000 Mann gegen ebenso viel Oesterreicher ständen, welche, vom Bewußtsein der Siege in Deutschland gehoben, sie aufhalten würden, bis neue 60,000 Mann zu ihrer Verstärkung kämen. Diese könnten die Verbündeten mit Leichtigkeit, ohne ihre Heere am Rhein zu schwächen, nach Italien werfen! Aber neben dem äußern Krieg auch der innere Krieg! König Ferdinand habe den leicht erregbaren Völkern von Neapel sich schon mit der Constitution in der Hand gezeigt, Lord Bentinck verbürge deren Dauer im Namen des mächtigen und freien England. Die Unzufriedenheit im Lande sei groß; die strengen polizeilichen Maßregeln unter Joseph, die Grausamkeit des Generals Manches gegen den Brigantaggio, die Verfolgung der Carbonari, jeder Mißgriff der Regierung, alle Drangsale, alle Todesurtheile in acht Revolutionsjahren erwachten wieder im Gedächtniß. Schon habe man Zeichen davon in den Abruzzen und Calabrien gehabt; zu Polistena sei der lange nicht mehr gesehene Freiheitsbaum errichtet worden und es habe militärischer Gewalt bedurft, um ihn zu beseitigen. Auch die Disciplin in der Armee sei nicht mehr gesund. Sie werde zwar hoffentlich siegen; wie aber, wenn sie nun doch von der Uebermacht der äußern Feinde und der sich überall erhebenden Revolution geschlagen werde? Und welches Ende sei abzusehen? Daß der Kaiser der Franzosen Alles besiegen und die Weltherrschaft wiedergewinnen werde, sei ein Märchen, ein Traum; er werde höchstens das Reich zwischen dem Meere und dem Rhein behaupten, also auf Spanien, Deutschland, Italien verzichten müssen, folglich an Macht sinken. Der König von Neapel werde aber auf jeden Fall seinen Thron verlieren und sein besiegtes oder abgetretenes Volk unter der Geißel seiner alten Könige bluten, die um so grimmiger zurückkehren würden, weil ihnen die Rückkehr so lange streitig gemacht worden sei. Alles Gute, das die beiden französischen Herrscher dem Reiche gethan, werde in einem Tage verschwinden und von der Revolution nichts übrig bleiben als die Proscriptionslisten. Der einzige Weg, sich die Krone und seinem Volke die Institutionen zu erhalten, welche er ihm gegeben, sei der Friede und die Allianz mit den Monarchen Europas. An ihrem Worte, an ihrer Treue zu zweifeln, sei durch nichts gerechtfertigt. Mit ihnen die Erhaltung, die Rettung Neapels, gegen sie der sichere Untergang, darüber könne sich der König unmöglich verblenden. Wie groß das Opfer seiner persönlichen Gefühle auch sei, um so herrlicher der Preis! Er möge einen schnellen, unwiderruflichen Entschluß fassen und nicht auf diejenigen hören, welche im Geiste der altitalienischen Politik Zeitgewinn Sieg und Arglist gegen Freund und

Feind Staatskunst nennen. Nur ein Mittel gebe es, seinen Ruhm zu bewahren: die Erhaltung seines Throns.

Der König, dessen Art es sonst war, in seiner Lebhaftigkeit jede längere Ausführung öfters zu unterbrechen, hatte den letzten Redner mit gespannter Aufmerksamkeit angehört und ihn ruhig aussprechen lassen. In seinem Gesicht, das jede Regung seiner feurigen Seele verrieth, malte sich bei den freien Worten, welche ihn selbst nicht schonten, auflodernder Unwille, aber er bezwang sich; zweimal wurde er bewegt: das eine Mal, da er der Schild für das Leben des Kaisers genannt wurde, das andere Mal bei der Frage, welches von den beiden Büchern der Geschichte er vernichten würde. Als der Redner geendigt hatte, richteten sich aller Blicke auf den König, ob er der Mahnung, einen schnellen, unwiderruflichen Entschluß zu fassen, Gehör geben werde, und auch den Prinzen Angri streifte manches Auge verstohlen, denn man erwartete, daß der König ihn, der mit keiner Miene verrathen hatte, welcher von den beiden entgegengesetzten Meinungen er sich zuneige, wenigstens zum Schlusse auffordern werde, auch seine Ansicht vorzutragen; er konnte dann leicht das Zünglein in der schwankenden Wage werden. Aber der König that weder das Eine, noch das Andere. Er dankte seinen Getreuen für die gewissenhafte Darstellung ihrer Ueberzeugung und beschloß die Gründe, welche geltend gemacht worden, in Erwägung zu ziehen. Dann entließ er sie überaus gnädig, und als Prinz Angri auf seinen Befehl zurückbleiben mußte, waren alle zwar einig, zu welchem Zweck das geschah, aber keiner konnte sich sagen, in welcher Weise Camillo das Gehörte zusammenfassen und daraus ein Resultat für die Entscheidung des Königs ziehen werde.

Auch Joachim war darüber zweifelhaft. Er warf einen prüfenden Blick auf den Prinzen, dessen Auge ihm ruhig begegnete. „Zu welcher Partei schlagen Sie sich, Angri?" fragte der König, nachdem er eine Weile mit sich selbst zu Rathe gegangen war.

„Zu der Partei, Sire, welche hier nicht gehört worden ist", antwortete Camillo.

„Noch eine dritte?" rief der König. „Und wohl eine vierte, fünfte? Welche meinen Sie?"

„Die Partei, welche Ew. Majestät vertritt, die Partei Italiens!"

„Armes Italien!" sagte Joachim, von der unerwarteten Antwort bewegt, indem er an seine hochfliegenden Pläne dachte, an die großartigen Entwürfe für das Glück der italienischen Völker, welche seiner Seele und seinem Herzen wirklich Ernst gewesen waren.

„Ja wohl, armes Italien!" sprach Camillo. „Welcher Schmerz muß Jedem, der in Italien geboren ist, das Herz zerreißen, wenn er sieht, daß in diesem Augenblick tapfere Söhne des Vaterlandes unter den französischen Adlern dienen, andere im Heere des Vicekönigs, wieder andere Ew. Majestät, noch andere dem Könige von Sicilien und sogar den Engländern, zweimalhunderttausend wenigstens von den Alpen bis Cap Passaro, alle Kinder eines Landes, dieselbe Sprache Italiens sprechend, und daß sie, für eine fremde Sache kämpfend, sich selbst zerfleischen, ihre Kraft und ihr Leben fruchtlos vergeuden! In ihren Armen, in ihrem Geiste läge Italiens Sicherheit, und sie gehen und betteln darum und werden überall schnöde abgewiesen. Nicht Italien ist träge und schwach, die Schuld seines Elends ist die Zersplitterung seiner Völker, das Zerwürfniß seiner Herrscher!" *)

„Ich wollte dem Elend ein Ende machen!" rief der König, von dem steigenden Affect, mit welchem der Prinz gesprochen hatte, mächtig ergriffen.

„Es ist noch nicht zu spät, Sire", erwiderte Camillo.

„Was soll ich thun? Wenn Beauharnais der Mann wäre, sich mit mir zu einigen, wir könnten von den verbündeten Monarchen einen gemeinsamen Tractat erlan-

---

*) Wer glaubt hier nicht eine Stimme aus Neu-Italien zu hören? Diese Rede wurde jedoch wirklich vor König Murat im Jahre 1813 gehalten.

gen, der die Unabhängigkeit Italiens sicher stellte! Beauharnais wird sich aber nimmer mit Murat verbinden!"

„Niemals!" bestätigte Camillo. „Geben Sie diesen Gedanken auf, Sire! Der Vicekönig sucht sein Verdienst in der blinden Treue, seinen Ruhm nicht für die Geschichte, sondern für —"

„Die Schaustellung! Theaterruhm!" rief der König, ohne zu ahnen, daß er sich selbst damit sein Urtheil sprach.

„Lassen Sie den Stiefsohn des Kaisers also aus dem Spiel, verzichten Sie im Geiste nicht auf Ihren großen Gedanken, wohl aber auf dessen öffentliche Manifestation. Die Zeit wird kommen, wo Sie die Standarte Italiens entrollen können; für jetzt beschränken Sie sich aber auf diesen Theil von Italien, der weder der geringste, noch der unedelste ist. Geben Sie ihm eine sichere Zukunft und die Civilisation, nicht in karger Weise, wie bisher, sondern mit vollen Händen!"

„Halt, mein Freund! Wir wollen erst die Gegenwart sichern! Welchen Entschluß soll ich fassen?"

„Frieden!" antwortete Camillo kurz und bestimmt.

Der König schwieg. Einen so entschiedenen Ausspruch hatte er offenbar nicht erwartet; er war davon überrascht.

„Ja, Sie können Recht haben, Angri", sagte er nach einer Weile. „Indessen muß ich mich vor Uebereilung hüten. Ich bin es mir selbst schuldig, wenigstens abzuwarten, wie der Kaiser meine Lage auffaßt; von seinem Standpunkte aus wird er natürlich anders urtheilen als ich. Es sei fern von mir, den Weg mir durch ihn vorschreiben zu lassen, doch soll er nicht sagen, daß ich wie ein Verräther hinterlistig an ihm gehandelt habe!"

Diese Mischung von ritterlicher Offenheit und verstecktem Handeln in Murat's Charakter war Camillo nicht unbekannt; er mußte ihn gewähren lassen.

„Die Königin hat auch an ihren Bruder geschrieben", fuhr Joachim fort. „Wir hoffen von einem Tage zum andern auf Antwort. Unterdessen entscheidet sich auch auf dem Kriegstheater vielleicht noch Manches. Jedenfalls soll mein Entschluß, sobald es an der Zeit ist, nicht auf sich warten lassen. Vor allem aber müssen wir im Lande wieder Ordnung schaffen, Angri."

„Ew. Majestät kennen darüber meine Ansichten", erwiderte Camillo, sich ehrerbietig verneigend.

„Ich kenne sie, habe sie aber diesmal nicht theilen können", erwiderte der König. „Sie glauben, durch Milde und Ueberzeugung, durch ein öffentliches Verfahren nach dem gemeinen Recht würde ich die Carbonari entwaffnen; ich bin anderer Meinung. Sie würden das nur für Schwäche ansehen und ihre Umtriebe schamlos fortsetzen.

Mag auch den Verführten, den urtheilslosen Werkzeugen Gnade widerfahren, den Häuptern niemals."

„Ich bescheide mich, Sire. Wenn aber Ew. Majestät Gnadenacte beabsichtigen, so würden diese nur dann von Wirkung sein, wenn sie unverzüglich und umfassend stattfänden. Es gibt so viele, wie Sie treffend sagten, urtheilslose Werkzeuge, die sich, ohne eingeweiht in die Zwecke der Gesellschaft zu sein, von ihr gebrauchen lassen; ich selbst habe eins davon kennen gelernt, das sogar an mir sein Heil versuchte."

Der König lachte. „Sie hätten sich aufnehmen lassen sollen!" rief er. „Es wundert mich, daß Campochiaro noch nicht dies einfache Mittel versucht hat! Dadurch würde der Herr Polizeiminister Stoff zu weit bessern Vorträgen über die Sache gesammelt haben, die er jetzt immer mit einem Achselzucken beginnt und endigt. Haben Sie den Versucher nicht festgehalten und der Polizei überliefert oder ihn wenigstens ausgeforscht?"

„Eigenthümliche Rücksichten hinderten mich daran. Er stand in Dienstverhältnissen, die mich Anstand nehmen ließen —"

„Nun?" fragte der König rasch. „Doch nicht etwa in meinen oder denen der Königin?"

„In denen meiner Schwester", antwortete Camillo kalt.

"Ah!" rief der König mit einem aufflammenden Blicke. Nach kurzer Pause fragte er: "Ist sie hier?"

"Ich glaube", antwortete Camillo in demselben frostigen Tone. "Ihr Diener ist später doch verhaftet worden, wenn auch nicht durch mich. Ew. Majestät kennen den Mann; er ist früher einmal von Ihnen begnadigt worden."

"Sehen Sie!" versetzte Joachim.

"Jedenfalls wäre es interessant, gerade von diesem einfachen Menschen die Gründe zu erfahren, welche ihn zu der geheimen Gesellschaft geführt haben, da er sich in seinem Dienste wohlbefindet und, was noch mehr ist, weil er gegen Ew. Majestät eine unbegrenzte Dankbarkeit hegt, da er als Brigant von Ihnen persönlich begnadigt worden ist, als er in Fesseln sich ein Verdienst daraus gemacht, durch die Hoheit Ihrer Erscheinung in seinem Hinterhalte moralisch entwaffnet worden zu sein."

"Ist das die alte Geschichte?" rief der König. "Also der Bursche ist wieder aufgetaucht als Diener der Divina und Carbonaro! Gut, Camillo! Sie sollen Ihren Gnadenact haben, wenigstens einen kleinen Anfang dazu. Ich will dem Manne, der mir das Leben geschenkt hat, das seinige zum zweiten Male schenken; als König muß ich etwas voraus haben. Ich werde Ihnen ein Billet an den Polizeiminister geben, der sogleich ermitteln soll, wo er gefangen sitzt; er soll den Menschen zu Ihnen führen lassen. Sie mögen ihn ein wenig inquiriren, um zu hören, wie weit seine Kenntniß reicht, dann aber bringen Sie ihn zu mir, Angri. Verstehen Sie? Ohne Aufsehen. Nach Capo di Monte. Ich muß mit ihm sprechen."

„Wenn Sie ihn begnadigen wollen, Sire, er ist wohl nicht werth, zum zweiten Male Ihr Antlitz zu schauen."

„Nicht um den Dank des Elenden ist es mir zu thun", entgegnete der König. „Ich habe andere Gründe. Weiß Ihre Schwester um seine Verhaftung?"

„Es ist Ew. Majestät nicht unbekannt, daß wir in keiner Verbindung stehen."

„Freilich, obgleich die Gründe für eine so unnatürliche Spannung, die Sie mir gesagt, mich nie befriedigt haben! Indessen sollte das wohl einmal aufhören. Nun, Angri, Sie haben sich hier verschanzt, und ich will Sie nicht herausschlagen, obschon ich das könnte. Bringen Sie mir den Diener Ihrer Schwester, spätestens morgen."

Viertes Kapitel.

List und Gewalt.

Zufrieden mit sich, aber in einer Aufregung, welche er mit aller Kraft bekämpfte, stieg Camillo Angri wieder in seinen Wagen und befahl, zum Polizeiminister Herzog von Campochiaro zu fahren. Er mußte dem Herzoge mit dem königlichen Handbillet, das er ihm hätte schicken können, einige persönliche Erklärungen geben, wie der König dazu gekommen sei, sich für einen politischen Gefangenen von so untergeordneter Bedeutung zu interessiren. Der Herzog lächelte, als er davon Kenntniß nahm. Er war über den Menschen, um den es sich handelte, schon vollkommen unterrichtet; wenn auch die Verfolgung der Carbonari den Militärgerichten übergeben war, so bedurften diese doch überall der Mitwirkung der geheimen Polizei, und der Minister hatte daher alle Fäden in seiner Hand behalten. Er wußte, daß die Gräfin Orkum sich bei dem Militärcommandanten der Terra di Lavoro für einen ihrer Diener verwendet hatte, der nach ihrer Annahme nur durch ein Mißverständniß verhaftet worden sei; die Dame hatte bis jetzt noch keinen Bescheid bekommen, weil gegen ihren Diener allerdings schwere Verdachtsgründe vorlagen, sodaß der Reclamation seiner Herrin keine Folge gegeben werden konnte. Er, der Minister, hatte schon deshalb mit dem Obersten Orkum bald nach dessen Rückkehr gesprochen; Orkum theilte aber das Interesse seiner Gemahlin für den gefangenen Diener keineswegs, denn er hatte dem Herzoge gesagt, er möge die Canaille, an der ihm gar nichts gelegen sei, nur ohne weiteres hängen lassen. Jetzt aber kam ein unmittelbarer Befehl vom Könige, gegen den nichts mehr zu thun war. Vielleicht hatte sich die Gräfin selbst an den König gewandt, und wie Joachim Murat überhaupt schönen Frauen geneigt war, so wußte hier der ganze Hof, daß er die Gräfin Orkum, wenn sie bei Festlichkeiten oder andern Anlässen im Palast erschien, besonders auszeichnete, wenn auch, zur allgemeinen Schadenfreude der Mißgunst, ohne Erfolg. Natürlich war es von der Divina nur die feinste Koketterie, welche sich gegen den Monarchen nicht das Geringste vergab, um ihn desto stärker zu fesseln, und daß es ihr gelungen schien, wollte man an dem Betragen der Königin gegen die Gräfin Orkum wahrgenommen haben. Ob die Kälte und Grausamkeit, welche diese bei allen öffentlichen Ge-

legenheiten zur Schau trug, nicht ein bloßes Spiel vor
der Welt sei, blieb freilich zweifelhaft; indessen konnte
Niemand, auch die schärfste Lästerzunge nicht, der schönen Frau das geringste ihrem Rufe Nachtheilige mit
Grund nachsagen, und da in jenen Kreisen nichts ver-
hüllt und verschwiegen bleibt, dessen sich die Nächstenliebe
bemächtigen will, so mußte schon, wohl oder übel, zuge-
geben werden, daß die Divina bis jetzt noch zu achten
sei. Immerhin aber konnte sie an den König, dessen
Nähe sie sonst in unbefangener Weise vermied, eine Fürbitte für ihren Diener gerichtet haben, und der König
hatte nicht gesäumt, sie zu erfüllen. Ohne sich einen
Moment zu besinnen, decretirte der Minister sogleich
an den Departementschef, welcher sich mit der Militärcommission in Verbindung gesetzt hatte, das Nöthige,
um den Befehl des Königs zur schleunigsten Ausführung
zu bringen, und Prinz Angri fuhr mit der Zusicherung
nach Hause, daß noch heute der Mann zu seiner Verfügung gestellt werden solle.

Für Camillo's Ungeduld währte es noch lange genug. Endlich, es dunkelte bereits, wurde ihm gemeldet, daß ein Carabiniero einen Gefesselten in das
Haus gebracht habe und ihn zu sprechen wünsche.

„Gefesselt?" rief der Prinz. „Man soll dem Un-
glücklichen sogleich die Fesseln abnehmen, auf Befehl

des Königs! Ich übernehme die Verantwortung! Dann mögen beide heraufkommen!"

Die Ausführung dieses Befehls hatte einige Schwierigkeiten gemacht, da die Fesseln zum Aufschließen eingerichtet waren und der Carabiniero keinen Schlüssel dazu bekommen hatte; indessen gelang es endlich, weil der Gefangene außerordentlich gewandt beim Abstreifen half. Der Diener des Gesetzes fürchtete nun, er könne entspringen; doch war er selbst für alle Fälle bis an die Zähne bewaffnet und hatte scharf geladen.

„Ist Euch gesagt, auf wessen Befehl Ihr hier seid?" fragte der Prinz, als der Carabiniero mit seinem Gefangenen bei ihm eintrat. „Auf Befehl des Königs! Ich werde diesen Mann verhören und dann zu Sr. Majestät schaffen. Eurer weitern Dienste bedarf ich dazu nicht. Ihr könnt gehen."

Dem Carabiniero war allerdings davon gesagt worden, er glaubte indessen seiner Escorte dadurch nicht überhoben zu sein. „Ich bedarf keiner, verstanden?" sagte der Prinz stolz. „Jede Verantwortung übernehme ich, sagt das dem General."

Als der Bewaffnete hinausgegangen war, stürzte Mas' Antonio dem Prinzen zu Füßen. „Steh auf, Tommaso!" befahl dieser. „Es ist nicht Zeit zu weinerlichen Dingen. Der König schenkt Dir zum zweiten Male das Leben. Damit Du aber jeder Verlegenheit entzogen wirst, will ich Dich mit einem Empfehlungsbriefe an einen geachteten Mann schicken, wo Du einstweilen in Verborgenheit bleiben kannst."

„Verborgen, wenn mich der König — Gott segne ihn! — begnadigt?" entgegnete Tommaso.

„Frage nicht! Ich habe keine Muße, Dir Deinen eigenen Vortheil zu erklären. In dieser Tracht kannst Du aber nicht auf der Landstraße erscheinen, auch Deine Livree, welche Du verwirkt hast, darfst Du nicht anlegen. Hier ist Geld, schaffe Dir beim Trödler Kleider alla francese, hörst Du? Ich lasse Dir ein Pferd geben, sobald Du in ehrbarer bürgerlicher Tracht, französischer, verstanden? wiederkommst. Laß Dir nicht etwa einfallen, auf Deine eigene Hand jetzt das Weite zu suchen; Du wärst verloren! Ich selbst ohne Gnade würde für Deinen Tod stimmen."

Vor dem strengen, furchtbaren Blick, der ihn traf, erschrak Mas' Antonio; er versprach zu thun, wie ihm befohlen war. Von dem Prinzen entlassen, welcher ihm die größte Eile empfahl, kehrte er wirklich nach kurzer Zeit, völlig verwandelt im Aeußern, zurück.

„Hier ist der Brief, verwahre ihn bei Deinem Leben!" sagte Camillo. „Ich habe schon Befehl gegeben, Dir ein Pferd zu satteln. Und nun höre die Straße, welche Du einzuschlagen haft, und den Ort Deiner Bestimmung. Halte Dich unterwegs nicht anders auf, als es Dein Pferd nöthig macht; es ist ein weiter Ritt, aber Du kannst ihn in fünfzig Stunden zurücklegen."

Nach einer Viertelstunde hörte der Prinz den Hufschlag im Thorwege seines Hauses schallen; der Pfeil war vom Bogen geschnellt und mußte sein Ziel erreichen. Am andern Morgen fuhr Camillo nach dem Palast von Capo di Monte, wohin der König ihn beschieden hatte. Er suchte den dienstthuenden Adjutanten auf, um sich melden zu lassen; zu seinem Verdruß war es der Oberst Orkum, sein Schwager.

"Unmöglich jetzt!" sagte dieser, nachdem er den förmlichen Gruß des Prinzen ebenso steif erwidert hatte. "Hoher Besuch beim Könige. Besuch aus Paris!"

Camillo war betroffen, doch zeigte er das durch keine Miene. Wer konnte aus Paris anders gekommen sein, als ein Abgesandter des Kaisers Napoleon, um den König um jeden Preis im Bunde festzuhalten? Der Prinz that keine Frage, drängte auch nicht, dennoch gemeldet zu werden, da er sich auf einen erhaltenen Befehl berufen konnte; ihm lag durchaus nichts daran, unverzüglich vorgelassen zu werden.

Den Obersten verdroß es, daß seine wichtige Nachricht so gleichgültig aufgenommen wurde, und er vervollständigte sie nun selbst. Der Herzog von Otranto war es, Fouché, gewesener Minister des Kaisers, welcher in Neapel angekommen war; er stand in Ungnade beim Kaiser, wie er in Orkum's Beisein ganz ungenirt gesagt hatte, und kam nur zu einem freundschaftlichen Besuch. Welch eine Zeit hatte er dazu gewählt! Aber er kam, um dem Könige in der schwierigen Lage seinen Freundesrath zu bringen, und dazu war er allerdings vielleicht geeignet. Hätte der Kaiser nur auch seinen Rath befolgt, namentlich als er mit Talleyrand dringend von dem russischen Feldzuge abrieth, so wäre Napoleon's Herrschaft nicht erschüttert worden! Camillo Angri hatte den König darüber sprechen hören und wußte, daß er damals von Fouché bewogen worden war, nach Dresden in das Hauptquartier zu kommen, um seine politischen Interessen auf dem Congresse zu Prag wahrzunehmen; seitdem war Fouché als Gouverneur der illyrischen Provinzen, welche auch dem französischen Reiche einverleibt waren, nach Laibach geschickt worden. Wie er nun hierher kam, konnte Camillo sich denken; jene Position mußte aufgegeben werden, oder Fouché hatte sie aus eigenem Entschluß verlassen. Der Prinz durfte hoffen, darüber bald Aufschluß vom Könige selbst zu erhalten, und verließ das Adjutantenzimmer, wo er nicht Lust hatte, das Tête-à-Tête mit seinem Schwager zu verlängern; er ersuchte

ihn nur, sobald der Herzog von Otranto den König
verlassen habe, diesem zu melden, daß er hier sei und
seine Befehle erwarte.

Fouché kam aus Rom, wohin ihn der Kaiser nach
der Schlacht von Leipzig beordert hatte, um die italienischen Angelegenheiten zu überwachen. In seiner Stellung zu Napoleon wechselten Licht und Schatten schon
seit dem Consulat; Napoleon fürchtete ihn wegen seiner
Energie und auch wegen seiner Mäßigung, die er an
der Spitze des Polizeiministeriums entfaltet hatte; daß
Fouché manchen seiner Schritte getadelt (vorzüglich die
Hinrichtung des Herzogs von Enghien), hatte ihm wiederholt die Entlassung aus seinen Aemtern zugezogen. Vor
drei Jahren hatte er als Titulargouverneur nach Rom
gehen sollen, aber Napoleon war durch seine Weigerung,
gewisse Correspondenzen herauszugeben, so erbittert gegen
ihn geworden, daß Fouché schon an eine Flucht nach
Amerika gedacht hatte. Diese Spannung hatte sich zwar gelöst und er hatte bis zu diesem Sommer auf seinen Gütern
in Glanz und Unabhängigkeit gelebt, doch war seine
Mißbilligung des russischen Kriegs ein neuer Grund zum
Zorne gegen ihn gewesen und der Kaiser nur durch die
dringendsten Vorstellungen abgehalten worden, ihn ver-
haften zu lassen. Als die Ereignisse dem klugen War-
ner Recht gegeben, hatte Napoleon ihn, weil er seiner

Talente bedurfte, in das Hauptquartier nach Dresden berufen; jetzt aber war er wieder in Rom, von wo er einen Ausflug nach Neapel gemacht hatte, um den König Joachim zu sehen und zu sprechen, aus Liebe und Dienstbeflissenheit zu ihm, wie er ihm wiederholt versicherte. Joachim glaubte ihm. Er wußte ja, daß Fouché von jeher mit dem Kaiser nicht gut stand; er hatte in seinem übereilten Schreiben an Napoleon als Antwort auf dessen Brief an die Königin gerade Fouché's gedacht, welcher auch für seine Dienste geopfert worden sei; Fouché machte von seiner Ungnade beim Kaiser und von dem gerechten Unwillen, der ihn erfüllte, gegen Murat gar kein Hehl und sprach über dessen jetzige Lage so einsichtig und so bescheiden zugleich, da er sich mit seinem Rath ganz in den Hintergrund stellte. Es gereichte ihm wahrlich zur Ehre, daß er seine persönliche Abneigung edel vergaß und sich der Meinung anzuschließen schien, welche am Bündniß mit Napoleon festhalten wollte. Dadurch gelang es ihm, die letzten Schleier der Vorsicht im Geiste des Königs fallen zu lassen, und der geheime Auftrag, welchen Napoleon seinem gewesenen Polizeiminister — dem ersten der Welt! — gegeben hatte, Murat's Gesinnung unter der Maske uneigennütziger Privatfreundschaft zu erforschen, war erfüllt. Ob er den zweiten Theil seiner Aufgabe, ihn von neuem an die Interessen des Kaisers zu fesseln, erreichen werde, ließ sich heute bei der ersten Zusammenkunft noch nicht übersehen.

Als der Herzog von Otranto sich entfernt hatte, meldete Graf Orkum dem Könige seinen Schwager. „Ist er hier? Und hat er Ihren Briganten mitgebracht!" rief Murat. „Er soll kommen!"

„Welchen Briganten, Majestät?" erlaubte sich der Adjutant zu fragen.

„Ich bin besser in Ihrem Hause orientirt als Sie!" lachte der König.

„Daran zweifle ich nicht, Majestät!" sagte Orkum mit einem Blicke, welcher Joachim mißfiel. „Sie sprachen aber von m e i n e m Briganten, Sire!"

„Sie sollen das ein andermal erfahren. Rufen Sie Angri!" befahl Murat und der Adjutant gehorchte.

„Noch eine Frage!" rief der König, als Orkum schon an der Thür war.

„Keine Sinnesänderung eingetreten?" fragte Murat.

„Eher sterben, ist und bleibt die Parole!" erwiderte Orkum, und man konnte in seinem Soldatengesichte eine gewisse Genugthuung wahrnehmen, die er auch gar nicht zu verleugnen strebte.

„Aber ein Wiedersehen, ein bloßes Wiedersehen! Mein königliches Wort darauf!"

„Eher sterben!" wiederholte Orkum.

„Sie haben wohl Frieden und Allianz geschlossen?" fragte der König scharf.

„Fern davon, Majestät! Man scheint vielmehr auf eine gänzliche Separation auszugehen."

„Unsinn!" rief Murat. „Rufen Sie mir Ihren Schwager!"

Einige Minuten später erschien Camillo Angri vor dem Könige. „Nun, wo haben Sie meinen Schützling?" fragte Joachim. „Lassen Sie ihn nur eintreten."

„Majestät, ich habe mich der schwersten Unvorsichtigkeit anzuklagen. Der Mensch hat Mittel gefunden, aus meinem Hause zu entkommen."

„Ach! Das ist mir aber sehr fatal!" rief der König. „Ich hatte gerade meine Absichten mit ihm!"

„Ich weiß, daß ich den Unwillen Ew. Majestät verdient habe; ich vergaß einen Moment meinen körperlichen Zustand, der mich unfähig macht, auch nur auf wenige Schritte —"

„Lassen Sie ihn laufen, Angri!" unterbrach ihn Joachim. „Was liegt an ihm! Er hat meinem Worte nicht getraut, das ist zwar sehr ehrenrührig, indessen hat unsere Zeit so viele Beispiele von politischer Unzuverlässigkeit, daß sie selbst einem gemeinen Briganten nicht entgangen sein können. Meine Absicht mit ihm war auch keineswegs politischer Art, ich hoffte ihn zu ganz andern Zwecken zu brauchen. Laſſen wir ihn aber; wenn er hängen ſoll, wird er dem Galgen nicht entgehen. Haben Sie gehört, daß Fouché bei mir geweſen iſt?"

Camillo verneigte ſich. Der König erzählte, daß Fouché von Rom gekommen und nun wohl ganz mit dem Kaiſer zerfallen ſei; er rühmte die Klarheit ſeines Urtheils über die jetzige Lage der Dinge in Europa und beſprach dieſe dann in einer Weiſe, daß Angri wohl bemerken konnte, wie ſehr die Wagſchale im Geiſte ſeines Monarchen wieder in entgegengeſetzter Richtung, als geſtern, zu ſinken begann. Unzweifelhaft war es der Eindruck ſeines Geſprächs mit dem Herzog von Otranto, welcher ſich bei ihm geltend machte. „Sie ſtehen feſt wie ein Fels auf Ihrer Meinung?" fragte Murat, da er in den Mienen Camillo's einen unzufriedenen Zug zu bemerken glaubte.

„Ich habe ſie nach ernſter und gewiſſenhafter Prüfung gewonnen, Sire", erwiderte Camillo.

„Wir wollen nicht weiter discutiren", verſetzte der König. „Alles, was ſich darüber ſagen läßt, iſt geſagt worden. Die Thatſachen müſſen entſcheiden."

„Sie haben wohl eigentlich ſchon entſchieden", wagte der Prinz zu ſagen. „Ew. Majeſtät wiſſen beſſer als ich, daß für Italien auf den Kaiſer wohl keine Hoffnung mehr zu ſetzen iſt; von allen Seiten bedroht, da die Verbündeten auch die Neutralität der Schweiz nicht gelten lassen, sieht Italien zu seiner Rettung nur auf Ew. Majestät. Ich kann meine Ansicht nicht ändern."

Der König hatte im Grunde dieselbe; er war nur durch Fouché's feines Spiel wieder über manchen Punkt irre geworden. Daher ließ er sich jetzt mit dem Prinzen, den er zu seinen treuesten Anhängern zählte, in eine eingehende Erörterung ein, obgleich er kurz vorher die Discussion für geschlossen erklärt hatte. Er setzte vor allem die militärische Lage Italiens mit einer Klarheit auseinander, welche bewies, daß er sich hier als Soldat in seinem Element befand; er stellte die strategischen Verhältnisse an der Etsch, die Blokade von Venedig, die Möglichkeit einer feindlichen Landung in Neapel, die neue Operationsbasis der Alliirten, welche durch die Verletzung der schweizerischen Neutralität gewonnen werden konnte, in scharfen Zügen dar und kam dadurch zu demselben Resultate wie Angri, seiner eigenen Isolirung, da er von aller Verbindung mit Napoleon abgeschnitten war. Camillo hütete sich, ihn zu unterbrechen oder noch etwas hinzuzufügen, das nur abschwächend hätte einwirken können. Als er entlassen wurde, schien ihm die Entscheidung nicht mehr zweifelhaft zu sein.

Der Herzog von Otranto blieb nur wenige Tage in Neapel, dann kehrte er nach Rom zurück. Welchen geheimen Bericht er dem Kaiser über seinen Auftrag abgestattet hat, ist ebenso wenig bekannt geworden als die Künste doppelzüngiger Politik, welche er in seinen weitern Besprechungen mit König Murat versucht; man will indessen ihre Nachwirkungen bei den spätern Handlungen und Beschlüssen des Königs bemerkt haben. Eine Politik im Geiste Fouché's glücklich durchzuführen war Joachim Murat nicht geeignet. Vor der Hand waltete in der äußern Politik von Neapel noch eine Stille, die Stille vor dem Sturme. Desto schärfer der Gang, welchen die innere Politik in letzter Zeit eingeschlagen hatte. Was einer der Getreuesten Murat's vor dem letzten Conseil ihm unter vier Augen vorgehalten hatte, daß einer der alten Könige, ein geborener König, gewöhnt an absolute Herrschergewalt, in Gewährung von Freiheiten ihn, der aus der Revolution durch seine Kriegergröße zum König aufgestiegen, bei weitem übertroffen habe, war nur zu sehr begründet. Die Beschränkung vieler Bestimmungen des Statuts von Bayonne, die strenge Verfolgung der Carbonari, in welchen die Regierung jetzt ihre gefährlichsten Feinde sah, und andere Maßregeln gaben Kunde von dem veränderten System. Im Volke wuchs die Unzufriedenheit, in der Armee lockerte sich die Disciplin. Es ist eine eigenthümliche Erscheinung, daß sich die neapolitanischen Truppen jenseits ihrer Grenzen vortrefflich geschlagen, in Italien aber fast immer den Muth verloren und die Flucht ergriffen haben. Man hat es aus der geographischen Lage des Landes erklärt, die den Vertheidigern mit dem Meere hinter sich im äußersten Fall keinen weitern Rückzug gewährt; daran denkt aber wohl der gemeine Soldat am Garigliano und Tronto nicht. Man hat ferner von der Tradition aller Jahrhunderte gesprochen, daß Neapel stets Eroberern zur Beute geworden, von der langen Gewohnheit fremden Jochs und darum auch der Neigung, sich lieber mit dem Feinde zu verständigen, als bis auf den letzten Mann zu kämpfen; alles das erklärt die Sache nicht. In neuerer Zeit — und nicht erst seit Garibaldi — sind allerdings die Kriege in Neapel stets mit politischer Parteiung zusammengefallen und die Soldaten in letztere hineingezogen worden. Vor sich die Gefahren der Schlacht, hinter sich für die unterliegende Partei im Heere politische Verfolgung, Kerker, Exil Todesstrafe — mag man sich wundern, wenn die Kampfesfreudigkeit dort zur Fabel geworden ist?

Gegen die Carbonari waren die Militärcommissionen in voller Thätigkeit. Calabrien, wo jene Verbindung von Sicilien aus genährt wurde, galt für den Herd der Carbonaria, und General Manches, welchem die Unterdrückung derselben, wie einst des Brigantaggio, anvertraut war, ging mit gewohnter Strenge zu Werke. Die geheime Polizei unterstützte ihn nach Kräften; es fanden Machinationen aller Art statt, um die Verschworenen zu entdecken und ihnen den Proceß zu machen, und mit den Mitteln zum Zwecke nahm man es nicht genau. Ein großer Schlag war schon gelungen; die Nachricht verbreitete sich in Neapel, daß man das Haupt der Carbonari gefangen habe, Capobianco. Prinz Emilio Angri brachte diese Kunde triumphirend seinem Vetter Camillo.

„Unmöglich!" rief dieser, von der Mittheilung im höchsten Grade betroffen.

„Gefangen, Herr Cousin, und bereits enthauptet! Was ist Ihnen denn?"

Camillo that einige Schritte, als wolle er sich von dem Eindrucke dieser Nachricht losreißen. „Ich würde das für eine sehr unkluge Maßregel halten!" sagte er mit kaum beherrschter Bewegung. „Sie sind wohl falsch berichtet."

„Hören Sie selbst!" Emilio zog einen Brief hervor. „Nur die betreffende Stelle! „Er mußte in Sicherheit gewiegt werden" — nämlich Capobianco, lieber Cousin! — „denn in seinem Felsenneste war er nicht gut zu arretiren, sein Anhang unter der Bevölkerung war zu groß, als daß es ohne Kampf abgegangen wäre;

diesen will man aber vermeiden. Man stellte sich daher, als habe man nicht den geringsten Verdacht gegen ihn, und General Janelli" — merken Sie auf, Herr Vetter! — „lud ihn schriftlich zu einem Gastmahl nach Cosenza ein, welches er bei irgend einem öffentlichen Anlaß den Spitzen der Civil- und geistlichen Behörden nebst vielen Milizoffizieren gab. In dieser letzten Eigenschaft wurde Capobianco in den freundschaftlichsten Eindrücken eingeladen. Er glaubte sich nicht entschuldigen zu dürfen. Unterwegs fürchtete er, wenn er mit guter Wache ungewohnte Straßen einschlug, keinen Verrath, auch in Cosenza nicht, da er sich vornahm, pünktlich zur Stunde des Gastmahls zu erscheinen und nach dessen Beendigung unverzüglich wieder abzureisen, am wenigsten aber im Hause des Generals in Gegenwart aller Autoritäten der Provinz, welche das Ansehen sowohl als auch das moralische Gewicht der Regierung repräsentirten. Er nahm also die Einladung des Generals mit Dank an. Dort angekommen, wurde er freundlich empfangen und nahm in heiterster Laune an dem Mahle Theil; beim Abschiede aber, sobald er aus dem Saale trat, wurde er von Gensdarmen festgehalten, in den Kerker geführt, am folgenden Tage von der Militärcommission gerichtet, zum Tode verurtheilt und ohne Verzug auf dem Marktplatze von Cosenza vor den Augen der entsetzten Volksmenge enthauptet.""

Emilio blickte auf. Was auch die Gefühle seines Vetters bei Anhörung der vorgelesenen Nachrichten gewesen sein mochten, er hatte Zeit und Kraft gefunden, sie vollständig zu beherrschen, sodaß sie sich im Aeußern nicht verriethen. „Danach ist die Thatsache nicht mehr zu bezweifeln!" sagte er kalt. „Ich wiederhole es, daß ich diese Maßregel für einen großen Fehler halte. Es fragt sich, wie sie der König aufnehmen wird; indessen ist sie weder ungeschehen zu machen, noch eine Umkehr auf einer eingeschlagenen Bahn leicht, am wenigsten hier. Haben Sie dem General Janelli diesen Rath gegeben?"

„Wenn auch nicht gerade diesen, so schmeichle ich mir doch, daß die Auskunft, welche ich ihm über Capobianco's Verhältnisse und seinen Charakter zu geben vermochte, nicht ohne Einfluß auf ihn geblieben ist. Wenigstens werden Sie mir nun die Gerechtigkeit widerfahren lassen, daß Sie mich nicht mehr für einen Anhänger der Sekte halten. Freilich zählt sie deren in Kreisen, wo man sie nicht vermuthet Sie äußerten das schon gegen mich und haben Recht; wir werden noch mehr erleben, Camillo, machen Sie sich gefaßt darauf!"

Er sagte das in einer so bedeutungsvollen Weise, daß Camillo aufmerksam werden mußte. Doch begnügte sich dieser mit einem prüfenden Blicke auf den geheimnißvollen Vetter und richtete keine Frage an ihn.

„Warum nennen Sie das Verfahren Janelli's einen Fehler?" fing Emilio wieder an. „Ich sollte meinen, der Erfolg bewiese, daß er durchaus nicht fehlerhaft verfahren ist."

„Wie nennen Sie es, unter der Maske geheuchelter Freundschaft einem Gaste den Dolch in die Brust zu stoßen?"

„Ach, der Cato Censorius wieder! Was wollen Sie, Camillo? Sie sind gewiß ein treuer Anhänger unseres Königs; glauben Sie aber, daß unter allen, die sich ihm angeschlossen haben, nicht mancher ist, der auch nur die Maske geheuchelter Freundschaft trägt und schon den Dolch unter dem Mantel hat, um ihn, wenn es die Gelegenheit gibt, gegen ihn zu gebrauchen?"

„Worte sind unnütz, wo Thaten sprechen!" brach Camillo auf diesen Einwurf des Vetters mit finsterem Blick plötzlich das Gespräch ab. Emilio ließ ihn aber nicht so leicht los; er kam wieder auf seine vorige Anspielung zurück, die er wiederholte: „Wir werden noch mehr erleben! Ich weiß, welche überaus schmeichelhafte Meinung Sie von mir haben, aber Sie werden sich bald überzeugen, daß der arme Emilio doch nicht so ganz auf den Kopf gefallen ist, um nicht Manches zu erkennen, das Andern verborgen geblieben."

„Sie thun mir sehr Unrecht!" erwiderte Camillo

froſtig, ohne die wiederholte Anſpielung, die ihn zu einer Frage aufzufordern ſchien, einer ſolchen zu würdigen. Als Emilio ſich verabſchiedet hatte, ließ er aber den Zwang fallen, den er ſich hatte anthun müſſen, und gab ſich der ganzen Leidenſchaft ſeiner vulkaniſchen Natur für einige Momente hin. Hatte er aber ein Recht, mit der Heimtücke und dem Verrathe Janelli's ins Gericht zu gehen? Motive und Mittel zum Zweck mochten andere, jene aus einem reinern Borne geſchöpft, erhabener und edler, dieſe nicht ſo gewaltthätiger Natur ſein, immer blieb doch die Maske und der verhüllte Dolch im Gleichniß eine Wahrheit! Camillo entzog ſich dieſem Gedanken und gewann bald wieder die gewohnte Faſſung.

Der Vetter aber ging vergnügt ſeines Weges. „Immer ein wenig kitzeln!" ſagte er für ſich. „Sie hat mir einmal Stecknadelintereſſen vorgeworfen — nun ich denke, ſie wird etwas mehr als Nadelſtiche zu fühlen bekommen. Den überklugen Herrn Couſin, der ſo ſtolz auf mich herabſieht, kitzle ich einſtweilen noch."

Vor ſeinem Hauſe wartete ein Menſch auf ihn, welcher dieſelbe Livree, nur in der ſilbernen Bordirung ein wenig verändert, wie ſeine eigenen Diener trug. „Biſt Du endlich da?" rief er ſehr erfreut, als ihm der junge Burſche entgegenkam. „Und wie vorſichtig! Du haſt recht gethan, nicht unter meinen Leuten zu bleiben, das neugierige Volk hätte Dich nur ausgefragt." Er nahm ihn mit sich in das Haus und auf sein Zimmer. Dort setzte er sich auf seinen bequemsten Polsterstuhl und forderte den Menschen auf, ihm zu erzählen, wie er es auf dem schönen Landgute gefunden habe, ob sein reizendes Mädchen auch gegen ihn freundlich gewesen sei, was für Leute dort hausten, ob von der Gräfin, seiner Cousine, etwas verlaute, daß sie bald wieder hinkommen werde, überhaupt Alles, was er dort erlebt und gesehen habe. Er griff dabei in seine Westentasche und reichte ihm ein funkelndes Goldstück; es war ein ganzer Napoleonsdor. Emilio glaubte nun dreister vorgehen zu können, ohne den Burschen, den er völlig gewonnen zu haben glaubte, durch ein so übermäßiges Geschenk gegen seine Absichten mißtrauisch zu machen.

„Ja, es ist wunderschön dort", begann der junge Mensch, welcher das Goldstück zögernd und mit sichtbarer Verlegenheit genommen und sich durch einen Handkuß bedankt hatte. „Die Maddalena habe ich auch gesehen, aber die Steinbilder auf San-Gennaro sind freundlicher, als sie gegen mich ist. Ich möchte sie schon einmal freundlich sehen, ich hab' es noch nicht erlebt, ich nicht! Sie schalt mich, daß ich doch gekommen war, und drohte mir, es der Principessa zu sagen."

„Das wird sie nicht thun", schnitt der Prinz ihm die Rede ab, welche zu lange bei seinem eigenen Interesse verweilte. „Und wenn sie es thut, so wird Dir die Gräfin, meine Cousine, nicht zürnen, sie weiß ja die Gewalt der Liebe, welche Dich getrieben, zu würdigen. Für den äußersten Fall bin ich da, ich schütze Dich. Was hast Du sonst dort gesehen und bemerkt? Was spricht man über die Herrschaft, besonders über meine Cousine? Empfängt sie viele Besuche, wenn sie dort ist? Hast Du vielleicht gehört, ob sie bei ihrer letzten Anwesenheit Besuch angenommen hat? Du siehst, ehrlicher Marco, wie sehr mich Alles, was meine Cousine betrifft, interessirt. Wegen der schönen Procidanerin mache Dir keine Sorgen; Mädchen thun spröde, ich kenne das; sie ergeben sich aber bald, wenn sie ehrliche Absichten merken. Du willst sie heirathen? Gut, ich werde mit meiner Cousine darüber sprechen. Erzähle mir also, wonach ich gefragt habe."

Der arme Marco war in bitterer Verlegenheit, der Napoleonsdor, den er noch in der Hand hielt, brannte ihn wie Feuer. Gegen den großmüthigen Herrn konnte er nicht anders als die Wahrheit sagen. „Gnädigster Herr", stotterte er, „da war der Prete, der kam gerade dazu, als ich mit der Maddalena sprach; er fragte mich aus, er hielt mir vor, daß ich Unrecht gethan,

gegen den Befehl meiner Herrin zu handeln; so sehr
redete er mir ins Gewissen, und ich mußte ihm schwören, nichts von Allem zu erzählen, was ich etwa in
unserem Hause oder in der Villa Angri oder auf der Prunaja von meiner Herrschaft gesehen und erfahren; es
sei die Pflicht eines treuen Dieners, von seiner Herrschaft gar nichts gegen fremde Menschen zu reden.
Das habe ich dem hochwürdigen Herrn heilig versprochen und geschworen, und Sie werden mich schon dabei
lassen!"

Erst hatte ihn der Prinz unmuthig angesehen, jetzt
lachte er laut auf. „Du bist eine treue, gewissenhafte
Seele, und es sei fern von mir Dich in Versuchung
zu führen!" sagte er. „Also der Herr Prete! Hast Du
von dem Onkel Deiner Maddalena wieder etwas gehört?
Der gehört doch nicht zu den verbotenen Dingen, von
denen Du nicht reden darfst?"

„Der ist vor einiger Zeit dort gewesen", erwiderte
Marco, welcher froh war, doch etwas erzählen zu können.

„Wie? Hat man ihn freigelassen?" rief der Prinz
überrascht. „Und er ist wieder im Dienst meiner Cousine?"

„Nein", antwortete Marco. „Er ist, wie ein Stadt-
herr, in französischen Kleidern dort gewesen, zu Pferde,
Illustrissimo, hat sich die Maddalena nach der Osteria
rufen lassen und mit ihr gesprochen, dann ist er weiter

geritten, wohin, wußten sie nicht. Ich hab's auch nicht erfahren, denn wie ich die Maddalena nach ihm fragte, woher er gekommen, wie er frei geworden sei, und was er ihr erzählt habe, da leugnete sie's ganz ab und hieß mich einen Narren; es sei ein Reisender gewesen, der ihr von Neapel Befehle von ihrer Herrschaft mitgebracht habe. Ich schwieg, aber die Magd in der Osteria wird doch den Mas' Antonio kennen, wenn er auch einen schwarzen Rock und einen französischen Hut trägt! Es freut mich, daß der Arme nicht gehängt worden ist."

"Mich auch, guter Marco. Vielleicht erfährst Du hier etwas über ihn. Gehört der junge deutsche Baron auch zu den verbotenen Dingen?"

"Ja, Illustrissimo", antwortete der Gondolier kleinlaut. "Der Prete hat ihn ausdrücklich genannt, denn er ist ja der Neffe meiner Herrschaft. Ich habe ihn übrigens nicht gesehen; es heißt, er werde den Herrn Grafen begleiten, wenn es wieder in den Krieg geht, was doch wohl bald geschehen wird."

"Don Alessandro wird sich hüten, Freund!" sagte der Prinz lachend. "Ich sage Dir, er wird sich hüten! Doch Du darfst nicht von ihm reden. Aengstige Dich nicht! Du schneidest Gesichter, als hättest Du Wermuth getrunken! Geh nur, damit Du nicht aus Versehen Dein Gelübde brichst oder Dich fürchtest, es zu brechen, und wenn Du mir vom kleinsten Kinde in der Prunaja erzählst, daß es geniest hat."

„Hab' ich von dem Kinde ein Wort gesagt?" rief Marco erschrocken.

Der Prinz blickte hoch auf, doch erwiderte er möglichst unbefangen: „Ich werde es wenigstens nicht zu Deinem Schaden auslegen. Das Kind in der Prunaja ist ja ausdrücklich vom Prete mit in das Verbot eingeschlossen worden. Geh nur, armer Marco, Du kommst mir sonst um. Bei kälterem Blute wirst Du vielleicht noch Manches finden, was Du mir, ohne Dein Gewissen zu belasten, erzählen kannst. Wärest Du klug, so trätest Du ganz aus dem Dienst der Gräfin, wo Du eigentlich von allen Menschen chicanirt wirst, von Deinem Mitgondolier Mas' und seiner Nichte, der schönen Maddalena, von dem Intendanten und nun gar von dem Prete; ich glaube selbst von dem kleinen Kinde, das wohl kaum laufen kann — reden wohl noch gar nicht! Oder kann die kleine Angiolina jetzt reden?"

„Giuditta, gnädiger Herr."

„Richtig! Giuditta! Ich versprach mich", fiel der Prinz schnell ein. „Du siehst, ich kenne das Alles. Wenn Du aber aus Deinem Dienst getreten und in den meinigen übergegangen wärest, so hättest Du keine Verpflichtungen mehr und könntest mit mir frei vom Herzen herunter plaudern; im Gegentheil wäre ich dann Dein Herr, dem Du Alles sagen müßtest, wonach er Dich fragt. Ueberlege Dir das und komme in der nächsten Woche wieder einmal herein. Wir wollen dann, wenn Du Lust hast, die Sache schnell abmachen. Natürlich wirst Du mit keinem Menschen vorher davon sprechen."

Marco legte betheuernd die Hand auf die Brust und entfernte sich dann. Der Prinz zog seine Brieftasche hervor, las das Schreiben, welches die Hinrichtung des vermeintlichen Hauptes der Carbonari enthielt, nochmals durch und notirte sich dann Einiges. „Ich werde mit Stecknadeln nicht mehr ausreichen!" sagte er lächelnd. „Sei aber unbesorgt, reizendes Weib! Der Dolch, den ich Dir auf die Brust setze, soll Dich nur von Deiner unbegreiflichen Prüderie gegen Deinen lieben Vetter heilen, Divina!" Er küßte seine Fingerspitzen und schnellte sie auseinander, daß die Gelenke knackten.

Fünftes Kapitel.

König Murat's Abfall.

Keine Antwort aus Frankreich! Wie war es möglich, daß der Kaiser die Briefe seiner Schwester, welche ihm mit aller Hingebung geschrieben und die Gefahren, welche seiner Sache drohten, geschildert hatte, unbeantwortet ließ, wenn er auch das Schreiben seines Schwagers nicht sogleich beantwortete, weil dasselbe einer reiflichen Erwägung unterzogen werden mußte? Standen denn die Aussichten für ihn wieder besser und durfte er hoffen, durch die Unterhandlungen, welche den raschen Fortgang der Waffen am Rhein zwei ganze Monate aufhielten, so viel zu erlangen, daß ihm an Murat's Mitwirkung nichts mehr gelegen war? Oder glaubte er, daß die Verbündeten sich auch hier würden hinhalten lassen, daß sie nicht vielmehr den König von Neapel, der ihren Anerbietungen schon ein offenes Ohr geliehen hatte, zu einer raschen Entscheidung drängen würden?

Bald nach Fouché's Abreise war Graf Neipperg als

Abgesandter Oesterreichs in Neapel angekommen, ein brillanter Cavalier, ausgezeichnet als Soldat und gewandt in diplomatischen Geschäften; er hatte schon 1801, noch nicht dreißig Jahre alt, mit Talleyrand verhandelt und war vor dem gegenwärtigen Kriege Gesandter in Schweden gewesen. Im Feldzuge des verwichenen Herbstes hatte er wieder glänzend gedient; jetzt erschien er beim Könige von Neapel mit neuen Vorschlägen auf der alten Basis. Der Herzog del Gallo wurde beauftragt, die Unterhandlungen mit ihm zu führen.

Joachim Murat hatte gleich nach seiner Rückkehr aus Deutschland eifrig gerüstet, um für alle Fälle bereit zu sein. Zwei Legionen — diesen Namen führten seine Heeresabtheilungen statt des sonst üblichen Namens Division — waren in Bewegung gesetzt worden und hatten Quartier in Rom und Ancona genommen, wo französische Besatzungen lagen. Der Kaiser, wenn er auch längst Mißtrauen gegen seinen Schwager hegte und durch sein Erscheinen bei der großen Armee und Murat's Thaten bei Dresden und Leipzig nicht über seine Politik beruhigt war, hatte doch diesem Argwohn keinen Ausdruck geliehen, um Joachim jeden Vorwand zum Abfall zu nehmen. Er hatte im Gegentheil seinen Generalen in Italien Befehl enthielt, die neapolitanischen Le-

gionen als Alliirte aufzunehmen, und in dem Friedens-
congresse, der eröffnet werden sollte, waren seine Bevollmächtigten angewiesen, 50,000 Neapolitaner bei der
Macht Frankreichs in Anschlag zu bringen. Diese Frie-
densverhandlungen waren ohne Resultat fortgesetzt und
die kriegerische Action zur großen Freude aller Männer
der That wieder aufgenommen worden. Fürst Schwar-
zenberg mit der Hauptarmee der Verbündeten hatte durch
einen Seitenmarsch stromauf am 21. December den Rhein
bei Basel, also auf schweizerischem Gebiete, überschritten;
Blücher schien zur Vertheidigung des Mittelrheins vorläufig noch stehen zu bleiben. In Neapel näherten sich
die Verhandlungen ihrem Abschlusse, als das Jahr 1813
zu Ende ging. Ob der Kaiser hier durch ein freundliches Wort das rollende Rad noch aufgehalten haben
würde, ist zweifelhaft.

Am Neujahrstage war bei Hofe, wie alljährlich,
große Gratulationscour, welche der König und die Königin auf dem Throne annahmen. Von dem diplomatischen Corps fehlten diesmal, wie auch im vorigen Jahre,
die Gesandten der Mächte, welche mit dem Kaiser der
Franzosen Krieg führten. Man erinnerte sich einer eigen-
thümlichen Scene, welche vor zwei Jahren hier vorgefallen war und schon ein gewisses Licht über das Verhältniß des Königs zu seinem kaiserlichen Schwager ver-

breitet hatte. Dieser, welcher bereits auf Murat wegen dessen unverhüllten Strebens nach Unabhängigkeit seinen Unwillen geworfen, hatte keinen Ambassadeur, wie es sich doch bei einem Könige desselben Hauses geschickt hätte, sondern nur einen Bevollmächtigten nach Neapel gesandt, um der Welt zu zeigen, daß er den König nicht als Blutsverwandten betrachte. Bei der Cour hatten natürlich die Gesandten der fremden Kaiserhöfe den Vortritt und von ihnen würde der französische der erste gewesen sein. Da derselbe, ein gewisser Durant, aber nicht den Titel Ambassadeur führte, so nahm der russische Minister Fürst Dolgoruki das Vorrecht für sich in Anspruch. Beide traten zugleich in den Thronsaal; der Russe war groß und stark, der Franzose klein und schmächtig. Jener mit weiten Schritten kam diesem zuvor, da faßte ihn Durant am Arm, um ihn zurückzuhalten, und der Fürst Dolgoruki legte mit drohendem Blicke die Hand an den Degen. Im Thronsaal, vor den Majestäten! Der König war ihnen sogleich entgegengegangen, hatte ihren Eifer belobt, ihm zuerst ihren Glückwunsch zu bringen, und im Reden doch keinem den Vorrang gegeben. Andere Minister waren darauf zur Cour gelangt, und für diesen Abend war Alles vorüber gewesen. Am andern Tage hatten sich aber die beiden Gesandten, nachdem sie Cartel gewechselt, im Serapistempel zu Pozzuolo geschlagen und zugleich nicht weit davon der russische Legationssecretär Graf Benckendorff mit dem Maréchal du Palais Excelmans. Der Polizeiminister war jedoch rechtzeitig in Kenntniß gesetzt worden und hatte dem Zweikampf ein Ende gemacht, ehe mehr Blut geflossen, als aus einer leichten Wunde, welche Fürst Dolgoruki am rechten Ohre erhalten hatte. Die Angelegenheit wurde von beiden Kaisern für eine Privatsache erklärt, die Gesandten aber wurden zurückberufen. Es war der letzte Neujahrstag, an welchem Napoleon und Alexander noch in diplomatischer Beziehung gestanden hatten.

„Was werden wir abermals über zwei Jahre in Scene setzen?" fragte Prinz Emilio Angri den Grafen Orkum, welchen er an jene Begebenheit erinnert hatte, nachdem die Ceremonie vorüber war.

„Mir gleich! An Gesandten wird es nicht fehlen, wenn auch andere Figuren auftreten!" erwiderte der Oberst.

„Ich vermisse Ihre reizende Gemahlin, meine Cousine", sagte Emilio. „Sie ist doch nicht krank?"

„Hat wenigstens nichts zu sagen", antwortete Orkum leichthin. Der Prinz hatte ihn geflissentlich, nachdem der König sein unmittelbares Gefolge entlassen hatte, aufgesucht und hielt ihn auch jetzt noch fest.

„Ich weiß schon, die Hofluft sagt meiner Cousine nicht zu, die Stadtluft überhaupt nicht. Sie ist gewöhnt, im Freien zu leben, auf dem Lande. Wenn mein Onkel, der Fürst Hettore, in Neapel weilte, war Virginia fast immer in der Villa draußen, ja vor einigen Jahren begleitete sie ihn gar nicht hierher, sondern ging mit ihrer Aya weit hinauf in die Basilicata auf eine ganz abgelegene Besitzung meines Onkels, wo sie sich wohl ein halbes Jahr aufgehalten hat. Ihr schönes Landgut mit dem dornigen Namen wird ihr recht lieb sein."

„Sehr lieb! Gute Nacht, Herr Vetter! Und nochmals viel Glück zum neuen Jahre!" sagte Graf Orkum, welcher gegen den Prinzen nur so viel Höflichkeit entwickelte, als durchaus nothwendig war. Er strich im Abgehen ein paarmal seinen schönen starken Schnurrbart und weihte der ganzen Sippschaft einen herzhaften deutschen Fluch. Nicht so plump, aber keineswegs liebreicher klangen die unhörbaren Worte, welche Emilio ihm nachschickte.

Virginia war krank am Herzen! Der Vetter mochte Recht haben, die Luft in Neapel bedrückte sie; hier konnte sie keine Ruhe mehr finden, nicht den leichten Frohsinn mehr, der jede Erinnerung an ernste und furchtbare Stunden ihres Lebens immer schnell verscheucht und sie gestählt hatte, zu tragen, was nicht zu ändern war. Hinaus denn in die Freiheit, am liebsten weit, weit hinweg, über den Apennin in die stillen Berge der Basilicata wohin nie der Fuß eines Bekannten sich verirrte! Da sich aber dieser Wunsch nicht erfüllen ließ, wenigstens fort aus der Stadt! Was war denn auf einmal über sie gekommen, das diese Veränderung in ihr hervorgebracht hatte? Auf einmal war es nicht geschehen, wenn die äußere Haltung auch auf einmal zusammengebrochen war. In ihren Stunden der Einsamkeit, in den Momenten, wenn sie sich der Erinnerung überließ oder diese sie plötzlich gewaltsam überkam, hätte ein aufmerksamer Seelenkenner wohl bemerken können, wie sich jene Wandlung allmälig vorbereitete, sehr langsam freilich zuerst, aber in letzter Zeit mit reißenden Fortschritten und stets kürzer werdenden Friedenspausen voll alter gedankenloser Lebenslust und Fröhlichkeit. Sie selbst hatte sich lange gesträubt, ihren Seelenzustand einzugestehen, denn hatte sie die Qual, mit Gedanken zu ringen, welche nichts ändern konnten, nicht früher auch schon gekannt, nicht kürzlich noch am Krankenlager ihres Vaters, und war sie nicht immer bald darüber hinweggekommen, nicht wieder so froh gewesen, wie nur in den glücklichsten Tagen ihrer Mädchenzeit? Warum sollten diese häufigen Anfälle nicht auch vorübergehen? Weil sie das aber hoffte und glaubte, war sie selbst erschrocken und hatte es für einen plötzlichen Wetterschlag angesehen, als ihr nun auch zum ersten Male die Kraft und der Stolz versagten, vor dem Manne, dem sie am wenigsten einen Blick in ihre Seele gestattete, ihre gewohnte Haltung zu bewahren. Sein Erstaunen über ihre Thränen, seine Fragen, die Art von Trost, welche er ihr zusprach, hatten ihr eine Demüthigung bereitet, welche ihr Herz mit dem bittersten Haß gegen ihn füllte, da sie bisher nur Geringschätzung, unaussprechlich tiefe zwar, aber doch kein schärferes Gefühl gegen ihn empfunden hatte. Krankheit, welche sie nun vorschützte, war der einzige schwache Rettungsanker, an dem ihr schwankendes Boot sich noch hielt; ob er ihr glaubte, schien zweifelhaft; hätte sie aber sein ungläubiges Lächeln, das sie empörte, recht verstanden und geahnt, wie er sich ihr Unwohlsein deutete, so würde ihr Haß zur verzehrendsten Leidenschaft, die nur im Herzblute des Feindes Ruhe findet, gestiegen sein. Er hatte ihr nun selbst gerathen, die längst beschlossene Abreise nach dem Landgute nicht länger zu verschieben und sich dort von dem Neffen, den sie ja mitnehmen wolle, die Zeit so gut und so lange als möglich vertreiben zu lassen, da er ohnehin mit dem Könige bald nach Bologna abgehen werde. „Ich reise allein!" hatte darauf Virginia erwidert, ohne auf seine Frage, wodurch der arme Alexander seit einiger Zeit es bei ihr verschüttet habe, zu antworten; sie hatte ihn, als er pflichtschuldigst gekommen war, ihr seinen Glückwunsch zum neuen Jahre zu bringen, nicht einmal angenommen, und da sein Onkel nicht zu Hause gewesen, war er ganz abgewiesen worden.

Am folgenden Tage stellte er sich aber wieder ein; er hielt es für seine Pflicht. „Komm herein, Junge!" rief der Graf, bei dem er sich hatte melden lassen. „Gratulirst noch einmal? Hast kein Douceur erhalten? Nun, wir wollen sehen, vielleicht verabfolgt sie Dir's nachträglich. Hat sie Dir's sagen lassen, daß sie morgen nach dem Gute reist und dort vor der Hand bleiben wird?"

Alexander veränderte die Farbe. „Wie sollte die Tante mir das sagen lassen?" entgegnete er.

„O, sie hat Dir's ja versprochen, Dich mitzunehmen, in meiner Gegenwart hat sie Dir's versprochen, als ob ich dabei gar nicht mitzureden hätte! Nun, thue nicht so zimperlich wie ein Nönnchen! Ich bin nicht eifersüchtig; mache meiner Frau die Cour nach Belieben, ich erlaube es Dir!"

„Theuerster Onkel, ich bitte Sie!" rief Alexander, in seinen heiligsten Gefühlen verletzt.

Der Graf lachte, daß ihm die Thränen in die Augen traten, dann schellte er dem Diener und befahl, der Gräfin den Baron Orkum zu melden. „Wir gehen gleich nach!" sagte er zu Alexander, und dieser konnte es nicht verhindern, daß ihn der Onkel, ohne die Antwort seiner Frau abzuwarten, zu ihr hinüberführte. Den Diener, welcher eben herauskam und ihm Bescheid geben wollte, schob er zur Seite und trat ohne weiteres mit Alexander, den er an der Hand faßte, bei Virginia ein. Sie war sehr bleich, das bemerkte Alexander auf den ersten Blick, durch welchen er um ihre Verzeihung für diesen Schritt, an dem er unschuldig war, bitten wollte; als sie aber die beiden Männer über ihre Schwelle treten sah, schlug eine Purpurlohe über ihr Gesicht.

„Alexander ist unglücklich, daß er Dir seine schönsten Wünsche für das neue Jahr noch nicht hat aussprechen dürfen!" sagte der Graf. „Ich habe ihn hergeschleppt, wie Du siehst, beinahe an den Haaren. Absolvire ihn also zuerst von dem Verbrechen, Dich wie ein Raubritter überfallen zu haben, und dann erlöse ihn von den Neujahrswünschen, die er Dir wahrscheinlich in Versen declamiren wird."

„Lieber Alessandro", sagte Virginia mit einer wahren Innigkeit, die ihr selbst unbewußt in diesem Augenblick ihren Blick und Ton beseelte; „ich bin überzeugt, daß Sie mir alles Gute wünschen. Ich war gestern krank, und es that mir leid, Sie nicht sprechen zu können. Mögen Sie immer so glücklich sein, wie ich Ihnen von Herzen wünsche!"

Alexander hatte von ihr diesen Ton wahren und tiefen Gefühls gegen ihn noch nie vernommen; er hätte ihr beseligt zu Füßen stürzen und den Saum ihres Gewandes küssen mögen. Was er ihr antwortete, wußte er nicht, es mochte aber wohl unbeschreiblich albern gewesen sein, denn sein Onkel erschreckte ihn durch ein lautes Gelächter.

„Schlecht memorirt, Junge!" rief er. „Du verwechselst wahrscheinlich ein altes Carmen, das Du einem Deiner Professoren zum Neujahr hergesagt hast, mit dem, was Du Deiner schönen Tante sagen wolltest. Ueberstürze Dich nicht! Bist stecken geblieben — laß gut sein. Wirst Du ihn aber jetzt nicht begnadigen, Virginia, und mit nach Deiner Rosenburg nehmen?"

„Wollen Sie mich begleiten?" fragte Virginia mit einem leichten Beben der Stimme.

„Siehst Du? Es war Dein Ernst nicht!" rief der Graf, ehe Alexander noch freudig die Einladung annehmen konnte. „Sie wollte allein reisen — Caprice! Besprecht denn die Arrangements, mich ruft der Dienst. Vielleicht befiehlt der König heute schon die Abreise zur Armee. Du wirst nun ganz hier eingeschlossen, junger Mensch, Reisende in Italien gibt's wohl gar nicht mehr. Du mußt sehr unschädlich aussehen, daß Du bis hierher durchgekommen bist. Jetzt ist das auch vorbei, und Du mußt nun schon bei meiner kleinen Frau als Custode, Majordomo und Ritter aushalten, bis das allgemeine Pelz-

8*

waschen, das nächstens wieder losgeht, vorüber ist. Wenn ich aber ins Gras beißen muß, so sollst Du mein Erbe sein, vielleicht auch —"

„Sie erschöpfen sich!" unterbrach ihn Virginia, und es war wieder der helle, aber nicht wohlthuende Metallklang, welcher ihrem Gemahl nicht unbekannt war. Er rieb sich die Hände und ließ beide allein.

Virginia hatte zwar vollkommen das Gleichgewicht wiedergewonnen, das ihr heute auch gegen Alexander im ersten Moment verloren gegangen war, aber die frühere Unbefangenheit, den leichten Ton, welcher in muthwilliger Laune Alles scherzend behandelte, fand sie nicht mehr. Alexander vermißte das nicht; er fühlte sich weit mehr von ihrer jetzigen Weise angesprochen; ihm war, als habe sie ihn früher nicht werth gehalten, ernstere und gemüthvolle Saiten gegen ihn anzuschlagen, als habe sie ihn und er sie jetzt erst kennen gelernt. Was sie nach und nach zu diesem veränderten Wesen gegen ihn bewogen hatte, waren die Vergleiche gewesen, welche sie zwischen ihm und seinem Oheim hatte anstellen müssen; nicht in der äußern Erscheinung, wo der Graf trotz seiner Jahre unbedingt im Vortheil gegen den Neffen gewesen wäre, sondern in dem wahren Werthe, im Seelenadel, in der Reinheit und Lauterkeit der Gesinnung, in der Herzensgüte, in der Tiefe des Gefühls, und wie sie von der einen Seite abgestoßen wurde, war sie mehr und mehr zu der andern hingezogen worden. Eine ernste Selbstprüfung hätte sie gewarnt, sich nicht allzusehr diesen Vergleichen zu überlassen, welche ihrer ohnehin erschütterten Ruhe nur gefährlich werden konnten; noch war sie aber nicht fähig zu einer solchen Ergründung ihres Innern und sie gab sich den Strömungen des Augenblicks um so williger hin, je linder und wohlthuender deren Wellen ihrem trostbedürftigen Herzen waren.

Als der Graf nach Hause kam, fragte er seine Frau, wann sie reisen werde; sie sagte es ihm und er äußerte dann, daß noch immer nichts über den Abgang des Königs zu seinen Truppen bekannt sei; er spreche täglich davon, damit habe es aber auch sein Bewenden.

"Bis der Sack zugeschnürt und es zu spät sein wird!" setzte Orkum hinzu.

"Du erlaubst doch, wenn es einmal überraschend kommt, daß ich persönlich von Dir Abschied nehme?" fragte er dann.

"Ich will, wie es sich gebührt, sogleich nach Neapel kommen", erwiderte sie.

"Ganz unnöthig! Ich werde schon auf einen Tag Urlaub nach der Rosaja erhalten!"

"Sie vergessen!" rief Virginia.

"Ich denke, wir vergessen beide diese tolle Idee. Sie haben mich übertölpelt, ich knüpfte Hoffnungen an das Versprechen, das ich Ihnen in der Uebereilung gab. Sie wissen es; ich erbitte mir das Wort zurück!"

"Niemals, Herr Graf! Sie werden es halten, denn es ist Ihr Ehrenwort, und wenn Sie es brechen" — Sie sprach das im drohendsten Tone und sah ihn mit dunkelglühenden Augen an.

"Nun?" fragte er. "Dann kündigen Sie mir wohl auch Ihr Wort auf, ich meine das Ja vor dem Priester? Haben Sie es etwa gehalten, Grausame? Ich erkläre Ihnen heute, daß ich mich nicht mehr für gebunden erachte; es ist zu lächerlich, daß ich Sie gerade auf meinem eigenen Gute nicht besuchen soll. Reisen Sie morgen mit Alexander, amüsiren Sie sich, so gut es die schlechte Jahreszeit erlaubt, aber rechnen Sie darauf, daß ich mich nächstens dort nach Ihrem Befinden erkundigen werde!" Wenn er von seinem gewohnten Du gegen sie abwich, und auch das Sie gebrauchte, das Virginia beharrlich gegen ihn festhielt, so war es immer ein Zeichen gereizter Stimmung, die ihn zuweilen überfiel.

"Ich werde das abwarten!" erwiderte sie mit einem Blicke, der ihn stutzig machte.

"Wir stehen also mit gekreuzter Klinge, Donna Virginia. Jeder bringt seinen Secundanten mit, wie?"

Sie kehrte ihm den Rücken und ging in ihr Cabinet, dessen Thür sie hinter sich abschloß.

„Ein kleiner Teufel!" sagte Orkum. „Man könnte sich vor ihr fürchten, wenn sie nicht gerade im Zorne am reizendsten wäre!" Er sah sie vor ihrer Abreise nicht wieder. Sie war noch nicht aufgestanden, als er am Morgen in den Palast gehen mußte, und als er zurückkam, war sie abgereist.

Ueber acht Tage vergingen noch, ehe die allgemeinen Verhältnisse sich klärten, an denen Graf Orkum trotz aller Indifferenz einer echten Landsknechtsnatur doch insoweit Interesse nahm, als sie auch für ihn von Einfluß sein mußten. Denn es hatten sich mancherlei Gerüchte verbreitet, jedenfalls von exaltirten Anhängern der sogenannten italienischen Partei ausgesprengt, daß der König schlau und in starker Wehr nur den Augenblick abwarte, wo die Franzosen und ihre Gegner sich wieder bekämpfen würden, um die Freiheit Italiens zu proclamiren und mit Waffengewalt gegen Jedermann aufrecht zu erhalten. Ob er in diesem Falle bei dem Hasse der Italiener gegen alle Fremden diejenigen seiner Diener, welche Ausländer waren, in Ehren und Würden belassen oder sie verabschieden werde, war immerhin zweifelhaft. Aber jenem Gerede wurde bald durch die Thatsachen ein Ende gemacht. Am 11. Januar schloß der Herzog del Gallo mit dem Grafen Neipperg das Bündniß zwischen Neapel und Oesterreich ab. Zweck desselben war die Fortsetzung des Kriegs gegen Frankreich zur Wiederherstellung der europäischen Gleichgewichts; Oesterreich wollte dazu in Italien 60,000, Neapel 30,000 Mann stellen und nach Bedürfniß mehr; den Oberbefehl dieses vereinigten Heeres sollte der König von Neapel und in seiner Abwesenheit der älteste österreichische General führen. Der Kaiser von Oesterreich erkannte die Herrschaft und Souveränetät des Königs über die Lande an, welche er gegenwärtig im Besitz hatte, der König die alten Ansprüche Oesterreichs auf italienische Staaten. Friede oder Waffenstillstand mit Frankreich sollte nur gemeinschaftlich geschlossen werden; der Kaiser versprach seine Vermittelung zum Friedensschluß von Neapel mit England und den Verbündeten Oesterreichs. In geheimen Artikeln wurde noch festgesetzt, daß der Kaiser die Verzichtleistung des Königs Ferdinand auf den Thron von Neapel zu Gunsten Joachim Murat's garantire, König Joachim dagegen seinen Ansprüchen auf Sicilien entsagen und bei dem allgemeinen Frieden Europas dazu mitwirken werde, den König Ferdinand anderweitig zu entschädigen; ihm selbst wurde vom römischen Gebiet ein Theil mit 40,000 Einwohnern zugesprochen.

So war der Abfall Murat's von Napoleon denn besiegelt! Ob er politisch recht oder klug gethan, mußte die Zukunft lehren; die Gewissensfrage mochte er mit sich selbst abmachen. Die bittern Thränen, welche die nicht mehr aufzuhaltende Entscheidung der Schwester des Kaisers entlockte, verbarg sie vor der Welt; ganz Neapel aber war von Jubel erfüllt, als der Abschluß jenes Vertrags und bald darauf auch der eines Waffenstillstandes mit England bekannt wurde. Die Furcht vor dem Krieg im Lande war vorüber, der Handel endlich wieder frei, die Zukunft gesichert! Auch die Partei, welche sich die nationale nannte, war durch viele Aeußerungen des Königs mit Hoffnung erfüllt, und diejenigen ihrer Genossen, die sich durch solche bei ihrer Unzuverlässigkeit nicht täuschen ließen, sahen doch in dem jetzigen Frieden den einzigen Weg zur künftigen Erreichung ihrer Ziele mit oder ohne Murat.

Der König beeilte sich, an Fouché, an den General Miollis, Gouverneur von Rom, und Barbou, Commandanten von Ancona, in freundschaftlichster Weise zu schreiben, daß die Nothwendigkeit und das Staatsinteresse ihn zu dieser Allianz gezwungen, daß er aber seine Liebe zu Frankreich damit versöhnen und überall bekunden werde. Sie glaubten ihm nicht. Miollis warf eine starke Besatzung in das Castell Sant-Angelo und, so viel Truppen er übrig hatte, nach Civita-Vecchia; Barbou in Ancona schloß sich, nachdem die Neapolitaner rasch das Kapuzinerfort besetzt, mit 1500 Mann in die Citadelle ein. Die ganze Romagna und die Marken blieben den Neapolitanern überlassen, aber deren Generale wußten nicht, ob sie Krieg oder Frieden hatten; sie erhielten selbst auf ihre Anfragen vom Könige keine bestimmten Befehle; um die Verwaltung des Landes kümmerten sie sich gar nicht, es war der heilloseste Zustand der Ungewißheit. Murat begab sich persönlich nach Rom, um von Miollis die Uebergabe der Engelsburg und Civita-Vecchias zu erlangen, was ihm aber so wenig gelang als in Ancona die der Citadelle. Ueberall hörte er Protestationen seiner Generale, Vorstellungen der rathlosen Behörden, Klagen des Volkes; längeres Zaudern war unmöglich, er mußte zur That schreiten. So gab er den Befehl zur Vereinigung der neapolitanischen Truppen mit den österreichischen unter Nugent und zur Belagerung jener drei festen Punkte; aber noch immer widerstrebte es ihm, den Krieg gegen Frankreich zu beginnen, und er bildete die Vorhut der vereinigten Truppen gegen den Vicekönig von Italien aus Oesterreichern, während er zugleich seinen Belagerungstruppen die Weisung ertheilte, das Feuer nicht zuerst zu eröffnen. Sorge machten ihm noch die vielen französischen Offiziere, besonders Obersten und Generale, in seiner Armee. Er wollte sie gern wegen ihrer Kriegserfahrung und Tüchtigkeit behalten, vielleicht auch seinen eigenen Abfall durch das gleiche

Beispiel vieler Anderer abschwächen; daher schmeichelte er ihnen auf alle Weise und stellte ihnen die Allianz mit Oesterreich als ein Scheinbündniß dar, Unwahrheit auf Unwahrheit häufend, und dem Ränkespiel doch nicht gewachsen, daher bald durchschaut und alles Glaubens verlustig. Die neapolitanischen Generale wünschten dringend die baldige Entfernung der Franzosen; sie sahen in ihnen die Ursache der Unschlüssigkeit des Königs und die Bevorzugten, welche ihnen im Wege standen; sie murrten unter sich, Widerspenstigkeit und Skandal nahmen zu. Lange schwankten die Franzosen, von entgegengesetzten Interessen bewegt, endlich siegte in den meisten das Ehrgefühl und die Vaterlandsliebe und sie verließen die Armee; wenige blieben, aber mit Scham und Betrübniß.

Der Frühling im Süden brach an, während in Frankreich noch der Winterfeldzug im Gange war. Hier unablässiges Vorwärtsdrängen, Schlachten und Gefechte in rastloser Folge, in Italien Kriegszustand, aber kein Krieg, sondern politischer Lug und Trug in Waffen. Gewaltige Streitmassen standen dem Vicekönig Eugen gegenüber, der mit 50,000 Italo-Franken das rechte Ufer des Mincio gegen Bellegarde's 45,000 Oesterreicher behauptete und den Po bei Borgoforte und Piacenza bewachte, um den König von Neapel in Schach zu halten. Dieser hatte mit 22,000 der Seinigen und

8000 Oesterreichern unter Nugent Ferrara, Bologna, den Kirchenstaat und Toscana besetzt und seine Avantgarde bis Modena und Reggio vorgeschoben. Lord Bentinck war mit 14,000 Anglo-Sicilianern bei Livorno gelandet; er stand schon auf den Bergen von Sarzana gegen Genua, wo nur eine schwache französische Besatzung lag. Und nichts geschah! Während in Frankreich die alten Uebel aller Coalitionskriege durch den gemeinschaftlichen Geist, der in den verbündeten Heeren so mächtig war, glücklich besiegt wurden, zeigten sie sich in Italien in ihrer ganzen Häßlichkeit. Mißtrauen von allen Seiten, genährt allerdings durch verdächtige Zeichen! Der König von Neapel blieb unthätig, weil die Ratification seiner Verträge noch auf sich warten ließ; er unterstützte Bellegarde nicht, als der Vicekönig, der sich vor diesem zurückzog, nach dem Gefecht seiner Arrièregarde bei Villafranca plötzlich umkehrte und ihm am 8. Februar eine Reihe von Gefechten lieferte, welche zusammen die Schlacht am Mincio genannt wurden. So blieb der Sieg unentschieden und beide Theile schrieben sich denselben zu. Murat hätte Piacenza angreifen können, wie Bellegarde von ihm verlangte, aber er glaubte, daß dieser sowohl wie Bentinck ihn nur dazu anspornten, um ihn im Stich zu lassen und seinem Feldherrnruf und seiner Armee, auf welche sie doch nicht zählten, zu schaden. Hatten sie etwa nicht Grund, ihm zu mißtrauen? In seinem Herzen wünschte Joachim nur Frankreichs Triumph und brannte vor Begierde, sich wieder mit ihm zu vereinigen. Aber auch er hatte Ursache, sich zu beklagen. Lord Bentinck, sein Alliirter, duldete, daß die unter ihm stehenden Sicilianer ein Edict des Königs Ferdinand, in welchem derselbe unter Berufung auf seine Rechte Murat's Unterthanen zur Rebellion aufforderte, unter den neapolitanischen Truppen verbreiteten. Und gerade jetzt wurden die Siege des Kaisers über Blücher bei Montmirail und Etoges und über die Hauptarmee der Verbündeten bei Nangis und Montereau dem Vicekönig von Italien gemeldet, der sie eifrig bekannt machte und den Völkern Italiens versicherte, daß ihr Schicksal nur in den Händen Frankreichs liege. Auf den König von Neapel machte diese Nachricht den mächtigsten Eindruck; sie bestärkte ihn in dem alten Glauben an die Unüberwindlichkeit Napoleon's und ließ ihn bereuen, was er gethan hatte.

Neue Verlegenheiten bereitete ihm die unerwartete Ankunft des Papstes in Italien. Napoleon, welcher Pius VII. seines Besitzthums beraubt und ihn, der unbeugsam auf seinem Rechte bestand, so lange gefangen gehalten, hatte ihn jetzt in Freiheit gesetzt und nach Italien entlassen. Er war schon an der Grenze von Parma, und der österreichische General Nugent hatte ihn, ohne Befehle von Murat abzuwarten, mit allen militärischen Ehren empfangen und escortirt. Wie sollte sich der König von Neapel verhalten, der selbst einen Theil des Kirchenstaats sich angeeignet hatte? Zeit zur Ueberlegung war nicht; er schrieb dem General Carrascosa, der die Avantgarde commandirte, dem Papste entgegenzureisen und ihn durch alle Mittel der Ueberredung und List unterwegs oder in Reggio aufzuhalten. Der General traf den heiligen Vater auf der Landstraße, unter stattlicher Escorte von österreichischer Cavallerie, begleitet von einer zahllosen Volksmenge; die Wagen hielten nicht an, Carrascosa mußte ihnen folgen. An der Enza sollte die Escorte von Neapolitanern abgelöst werden, aber diese formirten sich gar nicht, sondern ritten, Offiziere und Soldaten gemischt, unter dem Volksschwarme, zu welchem sich noch viele andere freiwillig herbeilaufende Neapolitaner gesellten. So gelangte der Zug nach Reggio, wo sich Carrascosa sogleich zum Papste begab und ihn, nachdem er Zutritt erhalten und Pius ihm freundlich die Hand zum Kusse geboten hatte, nach seiner Absicht fragte. „Meinen Weg nach Bologna fortsetzen!" — „Aber Se. Majestät der König von Neapel weiß nichts von der Ankunft Ew. Heiligkeit, nichts ist zum Empfange vorbereitet." — „Ich verlange nichts von Sr. Majestät, für den ich des Himmels Gnaden hoffe." — „Alle Postpferde sind für militärische Zwecke verwendet, ohne vorgehende Bestellungen werden Ew. Heiligkeit nicht einmal auf der Reise die nöthigen Bedürfnisse finden." — „So werde ich mich an die Milbthätigkeit der frommen Christen wenden, die mich begleiten." — „Aber selbst die Pferde der Privatleute sind schon längst von der Armee requirirt!" — „So werde ich zu Fuß gehen, Gott wird mir Kraft dazu verleihen." Der General schwieg. Er fragte nur noch, bis zu welchem Range herab und zu welcher Stunde er Mitgliedern des Offiziercorps Audienz ertheilen wolle. Der Papst erklärte, daß er gern alle sehen würde, aber, gedrängt von der Zeit, nur die Generale empfangen könne, und bestimmte dazu neun Uhr des andern Morgens. Carrascosa meldete darauf dem Könige wörtlich die stattgehabte Unterredung; der Papst ertheilte die Audienz und reiste schnell ab. Murat hatte in Bologna lange zwischen entgegengesetzten Entschlüssen geschwankt und, wie so oft, einen Mittelweg — meist das Schlimmste! — eingeschlagen, den Papst durch Ehrenbezeigungen abzufinden, ohne ihm zu helfen. In der längern Unterredung, welche er mit ihm hatte, kam die Wiederherstellung des Kirchenstaats zur Sprache, und da der eine Alles zurückforderte, der andere aber nur Schritt für Schritt nachgab, kamen sie endlich, ohne sich schriftlich zu binden, da jeder sein Recht nicht aus der Hand geben wollte, überein, daß der Papst Rom und das Patrimonium Petri bekommen, der König von Neapel aber den Rest behalten sollte. In der Wahl der einzuschlagenden Straße blieb Pius fest; Murat hatte gewünscht, er möge durch Toscana ziehen, der Papst aber hatte sich für die Emilia entschieden und reiste auf der Strada Emilia ab. In seiner Heimat Cesena blieb er jedoch, bis der Krieg zu Ende war, und hielt dann erst, am 24. Mai, gleichsam im Triumphe, seinen Einzug in Rom.

Neuen Verdruß bereitete dem Könige ein Schritt seiner Generale, welcher alle Grenzen militärischer Disciplin überstieg. Mehrere derselben waren bei seinen ersten Zerwürfnissen mit Napoleon eifrig gewesen, das Feuer zu schüren; einige waren eingeweiht worden in die Conferenzen von Ponza, die Mehrzahl für den Bund mit Oesterreich, und nun sahen sie, wie eine falsche und wechselvolle Politik den König und das Reich bedrohte. Sie hofften durch einen gemeinsamen Schritt den Monarchen auf einen bessern Weg zu bringen und verlangten in einer Eingabe, daß der König einen Kriegsrath berufe und die Meinung seiner Generale höre! Unter den Fehlern des Königs war einer, auf den sie bei diesem unerhörten Beginnen fußten; er strafte in der Armee selten oder nie, eine Gutmüthigkeit, welche in hoher Stellung zur Schwäche wird. Die Disciplin, ist mit Recht gesagt worden, ist nicht das Verdienst der Untergebenen, sondern des Vorgesetzten. Wenn Murat militärische Verbrechen stets mit gebührender Strafe geahndet hätte, würden die Generale nie die Kühnheit gehabt haben, vom Könige rebellisch ertrotzen zu wollen, daß er die Armee in seine Berathung ziehe. Auch jetzt strafte er nicht, er begnügte sich mit Drohungen und Beschwichtigungen. Zum Glück für ihn wurde Lord Bentinck's Ankunft gemeldet, welcher in stolzer und feindseliger Haltung vom Könige die Abtretung von Livorno gefordert hatte. „Wie soll ich ihm entgegentreten", sagte Joachim, „wenn meine Generale mir den Gehorsam verweigern?" Dies brachte sie zur Besinnung. Noch an demselben Tage versammelten sie sich und brachten dem Könige ihre unbedingte Unterwerfung in seinen Willen. Damit war die Bewegung im Feldlager beendigt, aber der böse Same nicht erstickt, der im folgenden Jahre frech emporwucherte und seitdem in steter Erneuerung immer wieder die verderblichsten Früchte gebracht hat bis auf unsere Tage.

Die Nachrichten aus Frankreich, welche so günstig für Napoleon lauteten, waren nur zu wahr, und die Monarchen glaubten nun den König von Neapel am Bündnisse festhalten zu müssen. Der Kaiser von Oesterreich ratificirte den Vertrag, welchen Graf Neipperg abgeschlossen hatte, der Kaiser von Rußland schickte den Grafen Balaschew als Gesandten, um Frieden mit Neapel zu schließen; Lord Bentinck wurde durch den Grafen Mier bewogen, seine Forderung von Livorno und Pisa fallen zu lassen, und begegnete dem Könige in ehrfurchtsvollster Weise. Murat aber sah in diesen Schritten nur die Gewißheit der Siege Napoleon's, sein heißes Blut wallte freudig auf, da er seine geheimen Hoffnungen so glänzend erfüllt sah, und er versuchte jetzt, mit dem Vicekönige von Italien unter der Hand eine Verbindung anzuknüpfen. Dieser jedoch verwarf seine Anträge, wies den Abgesandten von sich und fand Mittel, diese Schleichwege den Commissarien der Verbündeten bei Murat zu enthüllen, um Haß und Zwietracht unter seinen Gegnern zu säen.

Militärische Gründe wirkten dazu mit. General Grenier hatte mit 14,000 Italo-Franzosen den Po bei Piacenza überschritten und die österreichische Division Nugent am 2. März bei Parma angegriffen; eine andere Abtheilung war über die Brücke von Borgoforte auf Guastalla vorgerückt. Auf beiden Punkten hatten die Oesterreicher bedeutende Verluste erlitten. Man warf dem Könige von Neapel vor, sie nicht unterstützt zu haben. Noch mehr, eine neapolitanische Compagnie, im Gefecht zwischen französische

Bataillone gerathen, war gefangen, aber noch an demselben Tage mit ihren Waffen unter Freundschaftsbezeigungen entlassen worden. Diese Umstände zusammengenommen ließen den Verdacht falschen Spiels nur zu begründet erscheinen, und Graf Balaschew brach die Friedensconferenzen ab. Um wenigstens seine militärische Ehre zu retten, griff der König den Feind jetzt bei Reggio an. Einige österreichische Bataillone von Nugent und die Neapolitaner unter Carrascosa warfen den General Severoli zurück, welcher hier seinen Tod fand. Der König kam an, als der Sieg bereits entschieden war; er hätte den Feind, der sich nach Reggio gezogen hatte, vernichten können, da ihm die Straße von Parma abgeschnitten war, aber er hinderte seinen freien Abzug nicht und bestärkte dadurch nur seine Alliirten in ihrem Argwohn.

Da erschien plötzlich im königlichen Hauptquartier eine Botschaft aus Neapel, welche Murat in die höchste Aufregung und Erbitterung versetzte. Baron Tulli kam als Flüchtling aus den Abruzzen und brachte die Nachricht, daß die Carbonari dort im vollen Aufstande begriffen seien und das Banner der Bourbons aufgepflanzt hätten. Die erste Sorge war, diese Kunde geheim zu halten, da in der Armee viele Abruzzesen dienten. Dann berief der König die Minister, welche seiner Person gefolgt waren, zur Berathung. Die Ansichten, ob Strenge oder Milde hier besser sei, waren getheilt; Murat war zu ergrimmt, um sich nicht für die erstere zu entscheiden. Er vollzog ein Decret, welches die Verbindung der Carbonari mit Verschwörung gegen den Staat gleichstellte und die jetzigen Carbonari, die noch Versammlungen halten würden, wie alle, welche sich noch in diese Gesellschaft aufnehmen ließen, mit Todesstrafe bedrohte. General Florestan Pepe wurde mit ausgedehnter Vollmacht nach den Abruzzen geschickt; ein Adjutant des Königs sollte die Beschlüsse der Regentin überbringen. Als der Adjutant sich meldete, um die Depeschen in Empfang zu nehmen und unverzüglich abzureisen, sagte Joachim, der immer in neuen Zorn über diese verkappten Gegner gerieth, die er nicht mit einem Schlage zermalmen konnte: „Da haben Sie die guten Freunde, die Schooßkinder Ihres Schwagers! Sagen Sie ihm von mir, er möge seine phantastische Humanität fallen lassen. Ich bereue es, daß ich den geringsten dieser Verworfenen begnadigt habe. Sagen Sie ihm das ausdrücklich!"

Orkum verstand, was der König damit meinte, aber dieser war in einer Laune, daß jede Erwiderung gefährlich war. Ueberhaupt hatte der deutsche Oberst sich nicht mehr der frühern Gnade zu erfreuen, was er bei seiner robusten Natur erst spät gemerkt hatte. Als er vor dem Abgange zur Armee nur um einen Tag

Urlaub gebeten, um seinen Vorsatz, sich nicht mehr an das ihm abgelockte Versprechen zu kehren, gegen Virginia auszuführen, hatte der König sein Gesuch abgeschlagen. „Sie haben dort nichts zu suchen!" waren seine Worte gewesen, welche Orkum noch heute nicht vergessen konnte; er als Mann hatte nichts bei seiner Frau zu suchen! Diesmal bedurfte er in Neapel keines Urlaubs, und wenn ihm der König auch die schleunigste Rückkehr mit den neuen Depeschen der Regentin zur Pflicht machte, so hoffte er sich doch ein paar Stunden für seine eigene Person abzumüßigen.

Sechstes Kapitel.

Das Frauenherz.

Im schönsten Frühlingsschmucke prangten die Fluren, ein Blütenmeer schien sich über das Land ergossen zu haben, die Berge schimmerten im zauberischen Spiel von Duft und Licht, das sie in Farben kleidete, wie der Norden sie nicht kennt, und darüber hin war der dunkelblaue klare Himmel gespannt wie eine Kuppel von leuchtendem Krystall. Jeder Tag schien die Natur mit neuen Reizen auszustatten und den Menschen neue Freuden zu bereiten. In der Umgegend Neapels auf allen Wegen, an allen schönen Punkten schwärmte es in gewohnter Weise von einer fröhlichen, lauten Menge; aber auch stille, abgelegene Thäler wurden heimgesucht, um deren eigenthümliche Schönheit im Lenzgewande zu bewundern. Den reinsten Genuß an der Natur haben aber die Landbewohner, welche nicht erst aus ihren Steinmauern weit hinauszuwandern brauchen, denen vielmehr ein Schritt aus der Thür ihres Hauses schon die volle

Freudenschale bietet. So in dem schönen Thale, wo Virginia schon seit Wochen ein Leben sanfter Befriedigung geführt hatte, in einer Gemüthsstille, welche sie nur hier kannte, ohne einen Wunsch, als daß es ewig so bleiben, daß kein fremder störender Geist in diese Freistatt einziehen möge.

Sie war nicht allein, Alexander hatte sie begleitet und weilte noch immer in der Rosaja. Alle Zweifel und Bedenken, die ihn bei ihrer Einladung beunruhigt hatten, waren verstummt vor der Seligkeit, mit welcher ihn der Gedanke, wiederum in ihrer Nähe zu leben, füllte, und wenn sie auch oft wieder aufgestiegen waren, so hatte ihn stets die Betrachtung beschwichtigt, daß sie ihn ja offen und unbefangen in Gegenwart ihres Gemahls eingeladen hatte, daß also weder etwas Unziemliches vor der Welt, noch eine Verletzung anderer Rücksichten dabei sein könne. Auch hier schien kein Mensch über seine Anwesenheit verwundert zu sein, ja, was ihn besonders beruhigt hatte, war das Benehmen des ehrwürdigen Priesters gegen ihn, wenn dieser mit ihm und Virginia zuweilen einige Stunden verlebte. Würde der fromme Diener des Herrn überhaupt das Schloß auf längere Zeit, als etwa sein Amt forderte, besucht haben, wenn er in dem Verhältniß der Gräfin mit dem jungen Manne, der ihr Neffe war, oder nur in Alexander's Anwesenheit etwas Tadelnswerthes gefunden hätte? Nur die böse Welt der Hauptstadt, welche Arges denkt, weil sie selbst arg ist, hatte beachtet werden müssen, und darum war ja Virginia selbst der Meinung gewesen, daß er nicht länger in ihrem Hause wohnen solle, während ihr Gatte entfernt war; hier, unter den einfachen, harmlosen Menschen, durfte ein reines Bewußtsein keine falsche Beurtheilung fürchten. Auch in seinem eigenen Herzen fühlte sich Alexander, seit er mit Virginia vereint war und fast den ganzen Tag in ihrer Gegenwart lebte, mehr und mehr von jenen Stürmen befreit, die ihn nur zu oft mit dem Gefühle schwerer Vergehung gequält hatten; er glaubte sich geheilt, aus der wilden Brandung der Leidenschaft an ein gesegnetes, friedliches Eiland gerettet. Virginia's Wesen trug auch dazu bei, ihn über die letzten zweifelhaften Gedanken, welche noch in einsamer Stunde sich regten, zu erheben. In der ersten Zeit ihrer Bekanntschaft, wie hatte sie damals in muthwilliger Laune, sprühend vor heiterer Lust, durch zündende Blicke und manches unbedachte Wort die Leidenschaft, die ihr in dem Jünglinge anziehend und schmeichelhaft war, bis zur höchsten Glut angefacht, ohne sich ein Gewissen daraus zu machen; ihrerseits gewiß nur ein leichtfertiges Spiel, das auf keine Klippe führen sollte. Jetzt war das vorüber. Sie war schon seit der

Rückkehr ihres Gemahls gegen Alexander völlig verändert, und nun sie mit ihm wieder unter einem Dache lebte, von einer ruhigen Freundlichkeit, die wie lindes Oel auf die stürmischen Wogen seiner Leidenschaft gewirkt, bis sich die hochgehenden mehr und mehr geebnet hatten und auch in seine Seele eine stille Innigkeit voll süßen Friedens eingekehrt war. Beide wähnten, das schöne Ideal einer leidenschaftslosen Freundschaft zwischen jungen Herzen von Mann und Frau, das von so Vielen für ein unerreichbares erklärt worden ist, zu verwirklichen.

Der Abend eines Festtags, welchen der Priester wiederum mit ihnen in anziehender Unterhaltung zugebracht hatte, senkte sich mit seinen Goldlichtern in das Thal. Der geistliche Herr hatte Abschied genommen und sich entfernt. Was er mit ihnen besprach, reichte selten über die Grenzscheide dieses Thals hinaus; es schien, als sei Alles, was draußen die Welt bewegte und erschütterte, von dieser stillen Freistatt ausgeschlossen, und nur mit den Zeitungen, welche von Neapel aus ziemlich unregelmäßig der Gräfin zugingen, rollte von dem Wellenschlage der Außenwelt zuweilen eine rasch sich verlaufende Woge hinein. Heute war dem Priester jedoch von anderer Seite eine Kunde zugegangen, die er nicht verschwiegen hatte: die Nachricht von der Empörung in Abruzzo ultra, welche ihm ein Pilger von jenseits des

Apennin gebracht. Wenn sie begründet war, konnte dem Reiche eine große Gefahr drohen, noch kurz vor dem glücklichen Ziele, welchem dasselbe durch den Friedensschluß, der es vor einem feindlichen Angriff bewahrt hatte, so nahe schien. Das Land war noch immer voll unruhiger Elemente, welche bisher nur durch das Schreckenssystem niedergehalten worden; die Armee stand vor dem Feinde, der König war abwesend, wie sollte die Regentin den Aufruhr dämpfen? Ueberhaupt, welchen Zweck hatte derselbe, da der König Frieden auch mit England geschlossen hatte und das Haus Bourbon doch nur im Einverständniß mit England hoffen durfte, den Thron von Neapel wieder zu besteigen? Das wußte selbst der gute Prete, der sich sonst nicht viel um die Angelegenheiten der Welt bekümmerte. Als er fortgegangen war, hatte ihn Alexander begleitet, um noch weiter mit ihm die Nachricht zu besprechen, die ihn sehr beschäftigte, weil dabei auch die Carbonari genannt worden waren. Virginia blieb auf der Veranda zurück, und zu ihr gesellte sich bald die kleine Giuditta, welche schon zweimal von weitem gelauscht hatte, ob der Prete, vor welchem sie trotz seiner Freundlichkeit gegen sie doch eine gewisse Scheu fühlte, sich nicht bald entfernen werde. Den Andern dagegen, der sich viel mit ihr beschäftigte, sogar mit ihr spielte, hatte sie sehr lieb gewonnen.

„Wo ist der Lesso?" fragte sie nach ihm, als sie ihn jetzt vermißte.

„Bist Du ihm gut?" entgegnete Virginia, indem sie die Kleine auf den Schooß nahm.

Giuditta schlang ihre beiden Aermchen um den Hals Virginia's und drückte sie lange und heftig. „So gut bin ich ihm!" sagte sie lachend. „Bist Du ihm auch gut?" fragte sie dann und blickte Virginia mit einer wahren Forschermiene in die Augen. Diese küßte das Kind und sagte: „Gewiß, Giuditta. Möchtest Du mit ihm gehen, wenn er wieder fortgeht?"

„Wenn Du mitgehst!" erwiderte die Kleine unbedenklich.

„Ach, armes Kind, ich muß hier bleiben, oder wo ich sonst — gefesselt bin", wollte sie sagen, aber sie unterdrückte diese Worte und fuhr schnell fort: „Denkst Du denn aber nicht an Deine Mama? Willst Du Deine Mama verlassen?"

„Du bist meine Mama!" sagte die Kleine ganz ernsthaft.

Virginia fuhr heftig auf, eine Glut überflog ihr Gesicht. „Kind!" rief sie. „Was redest Du da für Unsinn! Wenn Deine Mutter das hörte, würde sie weinen!"

Als die Kleine sah, daß die schöne Frau böse war,

schwieg sie verschüchtert und fing nach kurzer Zeit selbst an zu weinen. „Komm her, Giubitta!" sagte die Gräfin wieder gütig, küßte sie mit Zärtlichkeit, und es war, als wollten sich ihren tief gesenkten Augen ebenfalls Thränen entringen, aber sie kämpfte die Perlen zurück, welche schon zwischen den schwarzen Wimpern erschienen, und fragte: „Wer hat Dir gesagt, Liebchen, daß Du mich so nennen darfst? Erzähle mir's! Du kannst doch nur eine Mama haben. Ich habe Dich sehr lieb, aber Deine Mutter darfst Du deswegen nicht betrüben. Laß mich das nicht wieder hören! Wer hat Dir gesagt, daß Du mich Mama nennen darfst?"

„Ich weiß es nicht", erwiderte Giubitta noch immer weinend.

Virginia ließ sie von ihrem Schooße nieder. „Rufe mir die Maddalena", befahl sie. Die Kleine ging betrübt von dannen und es that der Gräfin nun doch leid, sie so hart weggeschickt zu haben, denn sie sah ihr mit einem Blick unendlicher Liebe nach. Eine kleine Weile später kam Maddalena, wie befohlen.

„Hast Du dem Kinde gesagt, daß sie mich Mama nennen darf?" fragte Virginia in ruhigem Tone.

„Madonna!" entgegnete die Procidanerin und ihr ruhiges schönes Gesicht nahm den Ausdruck mächtigen Erstaunens an.

„Wer es ihm auch gesagt hat", fuhr die Gräfin im Tone stolzer Würde fort, „er verdient eine ernste Zurechtweisung. Ich habe das Kind der Gianna zwar ganz gern und erlaube ihm Manches, aber zu einer solchen Vertraulichkeit darf es sich doch nicht versteigen; das ist ganz unpassend."

„Ich bin es nicht gewesen", sagte Maddalena ruhig.

„Das ist mir lieb. Ich glaube auch, daß sich das Kind nicht wieder so weit erdreisten wird." Sie schwieg einen Moment, dann fragte sie: „Hast Du vielleicht neuerdings Nachrichten von Deinem Oheim?"

„Nein!" antwortete das Mädchen, und als die Gräfin sie scharf und zweifelnd ansah, wiederholte sie das Nein mit einer Betheuerung, daß sie den Oheim, seit er wieder frei geworden, nicht gesehen, auch nichts von ihm gehört habe.

„Als er hier war — in Verkleidung, wie Du sagst — hat er Dir keine Andeutung gemacht, wohin er gehen werde?"

„Nein. Er sagte mir nur, daß er große Eile habe, daß er aber doch den Umweg gemacht, um mich seinetwegen aus der Angst zu reißen, und daß er den Aufenthalt wieder einbringen müsse, möge auch das Pferd darüber stürzen."

„Was hatte er denn für eine Verkleidung gewählt?"

Die Procidanerin sagte kurzweg: „Bürgertracht!" und nach einigem Besinnen setzte sie hinzu: „Er lachte selbst darüber, aber er sagte, der Prinz habe es nicht anders haben wollen."

„Mein Bruder?" fragte die Gräfin überrascht. Sie war nur im weitern Verfolg ihres frühern Schreibens an den Commandanten höflich in Kenntniß gesetzt worden, daß ihr Diener auf Befehl Sr. Majestät des Königs aus dem Gefängniß entlassen worden sei, was ihr alle Neigung genommen hatte, noch eine Aufklärung darüber zu suchen. Nun hörte sie, daß ihr Bruder dabei im Spiele gewesen sei, aber sie fragte nicht weiter, das Mädchen konnte ja auch nichts wissen.

„Es sollte mir leid thun, wenn Dein Oheim sich wieder in unbesonnene Unternehmungen einließe", sagte sie. „Ich habe eben erfahren, daß eine Empörung jenseits der Berge ausgebrochen ist. Es wäre sehr undankbar von ihm, der zweimal begnadigt worden ist, wenn er sich daran betheiligte; zum dritten Male möchte er vergebens Gnade suchen."

Maddalena war von der Nachricht betroffen, aber sie beruhigte sich sogleich wieder. „Mein Onkel ist gewiß nicht dabei", sagte sie. „Er sprach davon, daß ihn der König wieder begnadigt habe, und meinte, er werde schon einmal Gelegenheit finden, ihm zu danken, obgleich er nur ein armer Mann sei und Joachim ein großer Fürst."

„Rufe mir Frau Gianna", befahl die Herrin.

Das Mädchen ging und bald darauf erschien die Wirthschafterin auf der Veranda.

„Hat Dir die Maddalena erzählt?" fragte die Gräfin in der gütigen Weise, welche sie gegen ihre weibliche Dienerschaft überhaupt, besonders aber gegen die Wittwe zeigte, die sie mit ihrer Kleinen hier aufgenommen hatte.

„Ja!" erwiderte Gianna, indem sie den braunen Arm in die Seite stemmte. „Ich weiß nicht, wer dem Kinde alle die Dummheiten in den Kopf setzt, es schwatzt täglich mehr unsinniges Zeug, auf das es doch nicht von selber kommen kann. Soll ich meine Meinung sagen, von wem es dies hat?"

„Rede!" gebot Virginia.

„Von Don Alessandro!" sagte die Wirthschafterin.

Virginia blickte unwillig erröthend auf. „Du träumst!" rief sie.

„Nein, nein, ich weiß, was ich sage!" erwiderte Gianna. „Er hat das Kind lieb und es läuft ihm den ganzen Tag nach, wenn es nicht bei Ew. Gnaden ist. Gestern erst brachte es etwas vor, das mir auffiel, und wie ich es fragte, von wem es das habe, sagte es: „Vom Lesso!" So nennt sie den jungen Herrn."

„Und was war das?" forschte Virginia.

„Ach, Narrheit, Kinderei! Sie sagte mir, daß sie Angela heißen müsse. Der junge Herr mag es passender finden, weil sie freilich schön wie ein Engel ist, und so hat er ihr denn auch andere Dinge in den Kopf gesetzt, die nun auf unsere Rechnung kommen. Wenn er etwas weiß, soll er es für sich behalten."

Virginia erhob sich mit allen Zeichen des höchsten Unwillens. „Was fällt Dir ein!" rief sie mit bebender Stimme. In diesem Augenblicke sah sie Alexander durch den Garten zurückkommen und sagte, sich bezwingend: „Geh nur, Gianna. Kein Gedanke von alle dem, was Du gesagt hast! Unmöglich, ganz unmöglich!" Sie wandte sich ab, es war, als durchliefe sie ein Schauder; sie winkte der Frau heftig, zu gehen, und diese entfernte sich, als Alexander eben die Freitreppe erstieg.

„Hat sie ihre Kleine bei Ihnen verklagt?" fragte er lächelnd, als habe er eine Ahnung, was hier besprochen worden sei.

„Warum sollte sie das?" entgegnete Virginia. „Nicht die Kleine, Sie sind bei mir verklagt worden, Alessandro!"

„Ich?" fragte er verwundert. „Was habe ich verbrochen?"

„Sie setzen der Kleinen stolze Dinge in den Kopf, behauptet sie. Daß sie Angela heißen müsse, statt Giuditta, daß sie eine vornehmere Mutter sich suchen müsse, haben Sie dem Kinde das gesagt?"

Alexander verwahrte sich gegen die letzte Beschuldigung, welche ihm ein großes Unrecht zuschreibe. „Ich entsinne mich", sagte er mit steigender Verlegenheit, „daß ich allerdings die Kleine im Scherz einmal Angela gerufen habe, weil sie wirklich einen wahren Engelsblick hat, und was die böse Nachrede betrifft, ihr kindliches Gefühl gegen die Mutter vergiftet zu haben, so kann ihr vielleicht einmal gesagt worden sein, daß Sie immer so gütig und liebevoll wie eine Mutter gegen sie sind und daß sie Ihnen mit eben solcher Liebe wie ihrer Mutter anhängen möge."

„Alessandro, Sie können nicht unwahr sein", unterbrach ihn Virginia sanft. „Ich sehe Ihnen an, Sie haben mehr gesagt."

„Sie durchschauen jede Falte meines Herzens!" rief er. „Ja, ich will es gestehen. Ich habe die Kleine einmal gefragt, ob es ihr nicht süß wäre, Sie Mama nennen zu dürfen."

Virginia schwieg. „Verzeihen Sie mir?" bat er innig.

Sie reichte ihm stumm die Hand, welche in der seinigen zitterte. Beide saßen eine lange Weile schweigend zusammen. Ihn beunruhigte es, daß er ihr gewiß weh gethan hatte; sie mußte es ja schmerzlich fühlen, daß ihr in ihrer traurigen Ehe das Mutterglück versagt sei. Wenn er ihr auch nicht sagen durfte, wie sein Gedankenspiel ihn zu jener Aeußerung gegen Giuditta geführt, so glaubte er ihr doch eine Erklärung derselben schuldig zu sein. „Sie haben mir verziehen", begann er, „aber es muß Sie doch befremden, wie ich mir anmaßen konnte, dem Kinde eine solche Frage zu thun."

„Warum nicht?" entgegnete sie sanft und leise. „Ich habe das Kind lieb, habe ihm gestattet, mich Tante zu nennen; es lag gewiß nahe, daß Sie ihm noch eine zärtlichere Benennung erlaubt wünschten."

„Ich habe die Kleine beobachtet", fuhr Alexander durch ihre Worte ermuthigt fort; „sie hängt weit mehr an Ihnen als an ihrer eigenen Mutter, und wenn ich diese mit ihrem Kinde zusammen sehe, die unschöne Frau und das zarte liebliche Wesen, so kommt es mir wie eine Unnatur vor, daß beide in einem solchen Verhältniß stehen. Gott hat es ihr geschenkt, und sie kann glücklich sein, aber sagen Sie selbst, würden Sie zweifeln, wenn Sie die Kleine nie gesehen hätten und man sagte Ihnen, es sei ein Königskind?"

Seine Worten waren Dolche für Virginia's Herz, aber sie blutete stumm. Der Abend war schon tief eingebrochen; Maddalena trug eine Lampe herein und warf einen stillen, theilnehmenden Blick auf ihre Herrin, welche so bleich war, daß es sie erschreckte. Davon bemerkte Alexander nichts; sie hatte sich so gesetzt, daß ihr Antlitz nur wenig beleuchtet war. „Darf ich nun hoffen", fing er wieder an, als das Mädchen sich entfernt hatte, „daß Sie meine unbesonnene Rede gegen das Kind nicht als einen plötzlichen Einfall ansehen, der —"

„O lassen Sie das ruhen, Alessandro!" bat sie und ihre Stimme klang so weich, daß er davon tief ergriffen wurde. Auch er schwieg jetzt. Eine feierliche Stille herrschte in der Natur; die Zweige der Myrten und Orangen hingen unbewegt, nur ein leichter Hauch vom obern Thale her wehte Kühlung über die Veranda. Die Lampe warf ihren milden Schein auf das junge Paar, das verstummt, als hätte es sich gar nichts mehr zu sagen, einander gegenüber saß. Ein großer schwarzer Nachtfalter, mit glührothen Unterflügeln schwebte hernieder und umflatterte das Licht, das ihm nur den Tod bringen konnte. Alexander, von einem seltsamen Gedanken ergriffen, suchte ihm zu wehren, ihn zu verjagen; umsonst, er sank bald versengt und zuckend zu Boden, wo er ihn mitleidig tödtete.

„Armes Thierchen!" sagte er. „Wie gleicht Dein Schicksal manchem Erdenloose! Nacht und ein trügerisches Licht auf der Klippe!" Er mochte an seinen heimischen Rheinstrom denken, an den Felsen und die Sage der Loreley.

„Auch im vollen Sonnenglanze, im heitersten Tageslicht scheitert manches Lebensschiff!" versetzte Virginia mit gepreßtem Tone. Und nach einer Weile fragte sie leise: „Halten Sie mich für glücklich, Alessandro?"

Es war zum ersten Male, daß sie von sich selbst zu ihm sprach, und das Herz wallte ihm süß und schmerzlich zugleich auf, daß er im ersten Moment keine Antwort finden konnte. Hatte sie endlich Vertrauen zu ihm gefaßt und fühlte sie das Bedürfniß, sich dem Herzen, das wie kein anderes an ihrem Schicksal Theil nahm, auszusprechen? Von ihren nächsten Verwandten, von Vater und Bruder verlassen, mußte sie nicht endlich, wo sie Treue und wahres Gefühl für ihr Loos fand, ihre Verschlossenheit aufgeben, die in einem so jungen Wesen unnatürlich war? Sie wartete nicht auf Antwort, sondern fuhr nach kurzer Pause fort: „Sie wissen es, ich bin nicht glücklich. Warum aber, fragen Sie, warum? War es nicht freie Wahl?"

„Virginia! O wüßt' ich Sie glücklich! Mit meinem Leben wollte ich es erkaufen! Sie verdienten das reinste Glück der Erde!"

„Still, Alessandro! Kennen Sie mich, um so vermessen zu sprechen? Ich war noch ein Kind, als mich schon das Unglück heimsuchte, das mich seitdem wie seine Beute festhält!"

„Ich weiß, Sie haben schon früh Ihre Mutter verloren", sagte Alexander voll innigen Mitgefühls.

„Meine Mutter habe ich nicht gekannt, ihren Verlust nicht gefühlt, aber es war freilich das erste, das schwerste Unglück, das mich getroffen hat! Wäre mir die Mutter nicht entrissen worden, wie anders, wie so ganz anders würde sich mein Schicksal gestaltet haben! Allbarmherziger Gott! Ich war auch noch ein Kind, als mein Vater mich verlobte, zum ersten Male, Alessandro! Ich war schon früher einmal verlobt —"

„Ich weiß es, Virginia! Der Tod entriß Ihnen den Geliebten —"

„Ha!" zuckte sie auf. „Geliebt habe ich ihn nicht; er war ein vornehmer und reicher Mann, fast schon ein Greis gegen mich, das Kind von vierzehn Jahren, das der Vater nicht gefragt hat, als er es verlobte. Wer hat Ihnen das Alles erzählt? Hat mein Mann mit Ihnen über mich gesprochen? Was hat er Ihnen gesagt, Alessandro?" rief sie heftig, aber sie unterbrach sich sogleich selbst: „Nein, ich will es nicht hören! Liebreich kann es nicht gewesen sein, aber so viel auch zwischen uns steht, halte ich ihn doch nicht für fähig, über seine Frau Böses zu reden."

„Wie sollte er auch! Wie wäre das möglich!" sagte Alexander. „Was ich von ihren frühern Jahren weiß, hat mir nicht mein Onkel, sondern Ihr Bruder gesagt, als ich von Ihnen sprach. Aber auch nicht mehr, nur das."

„Camillo! Ich glaube Ihnen, daß er nicht mehr von mir gesagt hat. Wir sind uns fern und fremd seit meiner Kindheit, wie ich allein, mir selbst überlassen geblieben bin, auf mich selbst gewiesen bis auf den heutigen Tag. Ihr Onkel lernte mich kennen, er warb um mich, Niemand sagte mir davon; mein Vater faßte seinen Entschluß, der mein Schicksal bestimmte."

„Man sagt mir, nicht Ihr Bruder, sondern ein Verwandter Ihres Hauses", begann Alexander schüchtern die Frage, die ihm auf dem Herzen lag, „daß Ihr Herr Vater ein treuer Anhänger des alten Königsstammes ist, daß er sich immer von dem jetzigen Hofe fern gehalten hat, und daß es viel Aufsehen erregt hat, als er dennoch die Hand seiner einzigen Tochter einem Offizier des Königs Joachim gab, da man gar nicht begriff, wie dieser Ihre Bekanntschaft gemacht oder den Muth gewonnen habe, um Sie anzuhalten!" Als er so weit gekommen war, erschrak er selbst über seine Kühnheit und er konnte auch bemerken, daß Virginia davon verletzt war. Mußte er nicht erwarten, was sie ihm in vertrauender Hingebung mittheilen werde? Durfte er mehr fordern und fragen?

Sie stand langsam auf, er sah, daß sie ihm zürnte; es traf ihn wie ein Wetterstrahl, er stürzte zu ihren Füßen. „Virginia!" rief er, „Du, meine Heilige, Stern meines Lebens, wende Dein Antlitz nicht von mir!"

Da neigte sie sich über ihn und hauchte einen Kuß auf seine Stirn; enteilen wollte sie, aber sie vermochte es nicht mehr, denn ihre Kraft war von tausend furchtbaren Erinnerungen gebrochen, welche auf sie einstürmten; sie sank zusammen wie ein hülfloses Kind in heißen Thränen, und wenn sie Alexander nicht schnell gestützt hätte, wäre sie hart auf die Marmorplatten des Bodens gefallen. Einen Moment ruhte sie an seiner Brust, welche hochauf schlug, als er den Arm um sie schlang, sie zu halten, aber ihr schnell wiederkehrendes Bewußtsein erschreckte sie, daß sie sich mit einer Heftigkeit von ihm losriß, welche ihn bestürzt machte.

„Ich bin ein krankes, schwaches Weib, Alessandro!" sagte sie kaum vernehmbar. „Verlassen Sie mich nicht, mein einziger Freund! Was Sie mich gefragt haben, ist so natürlich! Wir sprechen wohl noch mehr davon, heute aber bedarf ich der Ruhe. Sie sehen, daß ich wie ein Kind bin." Es war ein schwacher Versuch zum Scherze, der ihn nur noch mehr betrübte. Er bat sie um Verzeihung und war nicht im Stande, seine völlige Fassungslosigkeit zu verbergen; sie reichte ihm nochmals die Hand. „Wie könnte ich Ihnen jemals zürnen, meinem einzigen, treuen Freunde", sagte sie innig. „Vielleicht kommt aber die Stunde, wo Sie an mir zweifeln werden! O schwören Sie nicht! Die Stunde wird kommen, Alessandro! Dann bewähren Sie sich!" Rasch entzog sie ihm jetzt die Hand, die er an sein Herz drückte, kaum wissend, was er that, und verließ die Veranda. Einen Augenblick vorher war ein schönes, bleiches Antlitz, welches starr vor Bestürzung auf die Scene geschaut hatte, zwischen den Säulen verschwunden.

Nach solchem Abend das Wiedersehen am Morgen, wenn das unerbittliche Tageslicht jeden Zug, jeden Wechsel des Ausdrucks im Antlitz erhellt! Virginia trat jedoch dem Jünglinge, der sich vor der ersten Begegnung fürchtete, als sei er ein schuldbewußter Verbrecher, mit einer so ruhigen Haltung entgegen, als habe sie Alles vergessen, was gestern zwischen ihnen vorgefallen. Hatte sie doch in ihrem jungen Leben viel Anderes hinter einer erkünstelt klaren Außenseite verbergen müssen! Kein Wort sprach sie, das sich auf gestern bezog — wie hätte er den Muth finden sollen, davon zu beginnen! Die kleine Giuditta kam in gewohnter Weise zu ihr gesprungen und war auch gegen ihn zutraulich, wie immer, quälte ihn mit Fragen und Forderungen und hatte offenbar nach Kinderart kein Gedächtniß mehr für den Anlaß, um dessentwillen sie gescholten worden war, den sie auch gar nicht verstanden hatte. So vergingen die Stunden leicht, und auch in Alexander's Gemüth stellte sich das Gleichgewicht wieder her, er war nur viel stiller als sonst. Virginia bemerkte das wohl, doch hütete sie sich, ihn zu fragen. Als sie sich später in ihre Zimmer zurückgezogen hatte, wanderte er, wie er zu thun pflegte, in das Thal hinauf, an dem Kirchlein vorüber zu der Höhe, auf welcher die Landstraße hinlief. Vor der Thür der Osteria bemerkte er einen Wagen; es war nichts Auffallendes für ihn, weil dort Fuhrleute sowohl als Fußwanderer und wer sonst des Weges zog, einen Halt zu machen pflegten. Er wollte seinen Spaziergang noch weiter fortsetzen, ohne sich um die Reisenden, deren wieder einige vor dem Hause saßen, zu kümmern, als ein Mann aus der Thür trat, der ihn bei seinem Namen anrief. Er wandte sich um und erkannte zu seiner Ueberraschung den Prinzen Emilio Angri, dessen Bekanntschaft er im Winter zu Neapel gemacht hatte.

„Treffe ich Sie hier?" rief Emilio mit wohlerkünstelter Verwunderung. „Ich wähnte Sie schon jenseits der Alpen, wenn das Kriegsgetümmel am Po Sie nicht aufgehalten hätte. Sie waren so spurlos verschwunden wie ein Zugvogel! Sind also hier eingeflogen? Ei, ei, was wird Ihr tapferer Onkel dazu sagen?"

„Mein Onkel hat mich gebeten, Durchlaucht, während seiner Abwesenheit der Tante in ihrer ländlichen Zurückgezogenheit, wenn sie eines Rathes oder Beistandes bedürfte, zur Seite zu stehen!"

„Seltener Mann!" versetzte der Prinz, welchem die Verlegenheit nicht entging, die seine Neckerei in dem jungen Deutschen erzeugt hatte. „Es fällt mir auch nicht ein, meiner schönen Cousine Ihren Beistand zu mißgönnen, nur beneide ich Sie, Carissimo! Hätte ich geahnt, daß meine Cousine Besuch annimmt, so würde ich nicht des obern Weges vorübergefahren sein; nun aber begleite ich Sie auf einen Moment, soviel es meine dringenden Geschäfte gestatten. Ich will mich wenigstens überzeugen, ob sich die reizende Virginia unter Ihren Fittigen wohl befindet. Kommen Sie!"

„Ich möchte Sie bitten, Durchlaucht, gegen Ihre Frau Cousine diesen Ton des Scherzes nicht anzuschlagen", sagte während des Ganges Alexander ernsthaft und jetzt mit einem festen Blicke. „Es würde für mich höchst unangenehm sein."

„Ihre Integrität steht über allem Zweifel erhaben!" erwiderte Emilio lächelnd. „Wäre es nur auch so in einer gewissen andern Beziehung! Als naher Verwandter der Dame, die sich für Sie interessirt, halte ich es für meine Pflicht, Ihnen zu sagen, daß man in Neapel an Ihr plötzliches Verschwinden seltsame Vermuthungen knüpft."

„Wer kann sich darum gekümmert haben?" fragte Alexander. „Wer hat ein Recht dazu?"

„Die hohe Polizei!" erwiderte der Prinz gelassen.

Der Freiherr stand still und sah ihn mit einem erstaunenden und unwilligen Blicke an. „Fürchten Sie von mir keine Denunciation!" fuhr Emilio fort. „Ich kann Ihnen aber mit Gewißheit sagen, daß auf Sie gefahndet worden ist und daß man Sie jetzt in den Abruzzen glaubt."

„Wie soll ich das verstehen?" rief Alexander heftig.

„Wenn Sie selbst den Zusammenhang nicht begreifen, ich natürlich noch weniger", erwiderte Emilio. „Halten wir uns nicht auf, Sie rauben mir kostbare Minuten, die ich in der Gegenwart meiner liebenswürdigsten Virginia verleben könnte. Ja, Verehrtester", sprach er im Weitergehen, „man hält Sie für nichts Geringeres als einen Emissär der Feinde unserer Regierung, der sich unter der unschuldigen Maske eines Alterthumsforschers, welchen die Gegenwart nichts kümmert, bei uns eingeschlichen hat, um das Volk zu bearbeiten. Welchen Grund Sie vielleicht selbst durch unbesonnene Aeußerungen zu diesem Verdacht gegeben haben, vermag ich nicht zu beurtheilen. Das classische Alterthum mit seinen Anschauungen über Volksfreiheit und Regierungsformen gibt wohl so manche Analogie, welche bei gelegentlichen Reden darüber der Polizei Anstoß erregen könnte. Ich entsinne mich selbst, als wir einmal durch die Platanenallee der Villa reale gingen, von Ihnen dergleichen gehört zu haben; wir standen dann zusammen an der eisernen Balustrade am Meer und schauten nach Capri hinüber, das Ihr dichterischer Landsmann, wie Sie sagten, mit einer ruhenden Sphinx vergleicht — vortrefflich! Sie sprachen dabei Einiges über Kaiser Tiberius, den Tyrannen, welcher dort seine Villeggiatura gehalten, und berührten sonst noch Allerlei, interessant genug, aber nicht ganz unverfänglich. Sie zeigten mir auch das Castell dell' Uovo, wo der letzte römische Kaiser, Romulus Augustulus, nach seiner Entthronung durch einen andern Landsmann von Ihnen, den Odoaker, seine Tage beschlossen hat. Erinnern Sie sich Ihrer Nutzanwendungen noch?"

"Sie haben ein besseres Gedächtniß als ich", erwiderte Alexander unmuthig. "Was ich gesagt habe, weiß ich nicht mehr, es können aber nur historische Thatsachen gewesen sein. Will Ihre Polizei, wenn uns einer ihrer Spione behorcht hat, daran ein Aergerniß nehmen, so mag sie die Geschichte von Jahrtausenden und die ewigen Wahrheiten streichen, welche diese lehrt. Etwas Anderes als Wahrheit kann ich nicht geredet haben und bin stets bereit, meine Worte zu vertreten!"

„Das glaube ich gern, ohne die schmetternde Fanfare, mit welcher Sie diese Herausforderung an den Herzog von Campochiaro, unsern Polizeiminister, begleiten. Ich zweifle keinen Augenblick an Ihrer Streitfertigkeit, da ich ja weiß, daß in Deutschland kürzlich die ganze studirende Jugend mit ihren Professoren an der Spitze die Federn und Folianten mit dem Schwerte vertauschte, um Napoleon zu bekämpfen, gegen den auch unser König den Degen gezogen hat. Lassen Sie aber doch meine Warnung nicht unbeachtet. Auf historische Discussionen und Argumente würde sich die Militärcommission, der Sie im Fall einer Anklage verfielen, nicht einlassen."

„Ungehört und ohne mich zu überführen, könnte sie mich nicht verurtheilen", sagte Alexander. „Ich danke Ew. Durchlaucht für die Warnung, aber ein so lächerlicher Verdacht kann mich nicht bewegen, einer Anklage auszuweichen, die ich ruhig abwarten will."

„Ich kann es Ihnen auch nicht verdenken, daß Sie es hier, wo Sie im Paradiese leben, auf das Aeußerste ankommen lassen", versetzte der Prinz. „Sie müssen am besten wissen, was Sie zu thun haben. Fort denn mit der Politik! Welch eine entzückende Lage hat dies Schloß! Das sind ja die Gärten der Armida! Beneidenswerther Rinaldo! Aber ich sehe mit Entsetzen, daß ich das ganze Ungewitter, welches gegen die Polizei in Ihnen heraufzog, auf mein armes unschuldiges Haupt herablockte! Schonung, Erbarmen! Wie Sie das classische Alterthum, liebe ich unsere Dichter; wäre Ihnen statt der romantischen Armida die classische Circe lieber?"

„Sie beleidigen die Ehre meiner Tante, Prinz Angri!" rief Alexander mit erneuter Heftigkeit. „Ich werde das nicht dulden."

„Gut, Herr Baron!" erwiderte der Prinz höhnisch. „Wenn Sie es so nehmen, können wir später einmal darüber reden. Für den Augenblick ist weder Zeit noch Ort dazu günstig, auch fehlt es uns am Nöthigsten."

„Ich bitte nur Zeit und Ort zu bestimmen!" rief der Freiherr.

„Sobald ich von meiner Reise zurückkomme", erwiderte Angri. „Ich werde die Ehre haben, die nöthigen Schritte einzuleiten. Vor der Hand haben wir nach Brauch und Herkommen wohl nichts mehr mit einander zu verhandeln?"

Alexander blieb stehen, machte dem Prinzen eine

leichte Verneigung und schlug, ohne ihm noch ein Wort zu sagen, einen andern Pfad ein, der seitwärts wieder in die Berge führte.

„Deine Furia tedesca werden wir zähmen!" sprach Emilio für sich, indem er ihm nachsah. Dann setzte er seinen Weg nach dem Schlosse fort, in dessen Nähe er schon gelangt war. Er vermied es, den Eingang durch das Portal zu benutzen; er wußte in den Garten zu kommen, um von dort unangemeldet in das Haus zu treten; er wollte seine Cousine überraschen.

Virginia saß, wie gewöhnlich, auf der Veranda und hatte die kleine Giuditta auf dem Schooß, welche in kindlicher Weise zärtlich mit ihr plauderte, während sie liebreich auf das unschuldige Wesen herabsah und ihr zuweilen die Wange oder die schwarzen Locken streichelte. An der nächsten Säule stand Maddalena und blickte mit stiller Theilnahme auf die liebliche Gruppe, aber in ihren ernsten Zügen hätte ein Beobachter eine unverkennbare Traurigkeit lesen können.

„Madonna!" rief sie plötzlich.

Die Herrin sah auf und erblickte auf der Freitreppe einen fremden Mann; es war ihr Vetter Emilio, der nun schnell heraufkam.

„Welch reizendes Bild!" rief er. „Wenn es nicht sündhaft wäre, möchte ich sagen: eine Madonna! Ich würde nur zweifelhaft sein, ob von Guido Reni oder von Tizian, und wenn ich die dritte schöne Gestalt vergleichen soll, ob der heiligen Anna oder Katharina. O geben Sie das Kind nicht fort! Es kleidet Sie wundervoll!" Virginia hatte dem Mädchen gewinkt, welches die Kleine, die sich vor dem fremden Mann ohnehin fürchtete, auf den Arm nahm und sich rasch entfernte.

„Was verschafft mir die Ehre, Herr Vetter?" fragte die Gräfin, welche wieder vollkommen die Dame von Neapel war, mit allem Stolz und Selbstbewußtsein, wodurch sie ihn oft zur Verzweiflung gebracht hatte.

„Ich würde es nicht gewagt haben, schöne Cousine, Sie zu überfallen, wenn ich nicht, achtungslos vorüberfahrend, bei einem Halt in der Osteria droben den interessanten Teutonen, den Neveu Ihres Gemahls, getroffen hätte, der mir bewies, daß Sie Besuch, sogar auf längere, unbestimmte Zeit, annehmen. So kam ich auf einen Augenblick herab, mich nach Ihrem Ergehen zu erkundigen und fand Sie in einer so reizenden Situation, daß ich Ihnen nur wünschen könnte, dies wunderschöne Kind möchte das Ihrige sein; Sie werden einem Verwandten von meinem Alter diesen Gedanken nicht übel nehmen, der so nahe liegt."

Sie zuckte leicht die Achseln, fast mitleidig, doch entging es ihm nicht, daß seine Aeußerung getroffen hatte, und diesmal schärfer als ein bloßer Nadelstich. "Haben Sie eine weite Reise?" fragte sie, indem sie ihn einlud, Platz zu nehmen.

"Nicht allzu weit, aber dringend; ich kann mich nur so lange aufhalten, bis meine Pferde gefüttert sind. In einer wichtigen Angelegenheit wünscht ein Bekannter mich zu sprechen, ein intimer und wahrer Freund von mir."

"Besitzen Sie deren?" fragte Virginia.

"In Ihrem Reichthum spotten Sie meiner Armuth. Ein Blick von Ihnen genügt, um jeden Mann zu Ihrem Sklaven zu machen, aber Sklaven — und wären es Cimbern und Teutonen! — sind nicht immer die zuverlässigsten Freunde. Ich meine nicht etwa Ihren Gemahl, Divina; der hat eine so eigenthümliche Stellung, daß ihn keiner der Encyklopädisten zu classificiren wüßte —"

"Erschöpfen Sie sich nicht, Don Emilio, wie ich Ihnen schon oft gerathen habe. Ihre gelehrten Anspielungen gehen mir, wie Sie wissen, ganz verloren!"

"Weil mir die Gabe abgeht, mich Ihnen so verständlich zu machen wie der jüngere Gelehrte, welcher seinen classischen Studien bei Ihnen obliegt."

"Mein Neffe verschont mich mit Allem, was mir lästig ist!" versetzte Virginia.

"Und Sie bauen auf ihn wie nur die Königin Johanna früherer Zeit auf ihre deutsche Leibwache!

Lassen Sie sich aber von einem welterfahrenen Manne sagen, daß es selbst einer Divina gefährlich ist, in ihrer Umgebung eine Schönheit ersten Ranges zu dulden, wie das junge Mädchen, das mit dem Kinde von Ihnen ging."

Virginia antwortete ihm nur mit einem stolzen Blicke, in welchem sich eine unbeschreibliche Verachtung malte. Er ließ sich aber nicht niederschmettern, sondern ergriff ihre Hand und hielt sie fest, als sie sie ihm heftig entziehen wollte.

"Reizendes Cousinchen, lassen Sie uns Frieden und Bündniß schließen! Ich bin kein zu verachtender Freund, denn ich komme nicht mit leeren Händen, wohl aber könnte ich leicht ein gefährlicher Feind werden!"

Sie hatte ihre Hand, welche schmerzhaft in seinem festen Griff gezuckt hatte, endlich mit Anstrengung befreit und sagte unwillig: "Wenn Sie mir mit Ihrer Feindschaft drohen, wozu ich Ihnen keinen Anlaß gegeben habe, so muß ich es tragen!"

"Keinen Anlaß?" rief er. "Sie haben mich ewig zurückgestoßen, die Worte meines heißesten Gefühls nicht verstehen wollen; Sie haben mich mit Spott und Witz überschüttet, mich verächtlich behandelt, wo Sie doch so viel Grund hätten, mich als ihren Freund mit dem Füllhorn Ihrer Gunst zu beseligen! Wir sind allein, Virginia! Darum endlich einmal Offenheit. Sie sind in meiner Gewalt, ich kann Sie verderben, wählen Sie!"

Virginia war tödtlich erblaßt; um ihre Lippen zuckten alle Fibern, aber ihr Auge, schwärzer jetzt als die Nacht, aus welcher Blitze flammen, traf den Sprecher mit ungebeugter Kraft, und die Haltung, in welcher sie sich erhob, war stolzer, als er sie je gesehen hatte. „Ich habe nichts zu fürchten!" sprach sie in aufgeregtem Tone. „In Ihrer Gewalt kann ich niemals sein! Ihre Drohung verachte ich!"

Auch Emilio war aufgestanden. „Besinnen Sie sich!" sagte er. „Ich nehme dies nicht als Ihr letztes Wort. Meine Erklärung hat Sie überrascht, Sie bedürfen Zeit, sich zu fassen." Ein plötzliches Aufleuchten in ihren Zügen, wie Freude, ließ ihn der Richtung ihres Blickes folgen. „Ah, Sie vertrauen auf Ihren deutschen Ritter, der im rechten Augenblicke zu Ihrer Hülfe kommt. Ich überlasse Ihnen, sich mit ihm über die Wahl, die ich Ihnen gestellt, zu verständigen. Schöne, einzige Divina", fügte er in völlig verändertem, leidenschaftlichem Tone hinzu, „stoßen Sie mich nicht zurück!" Virginia wandte sich ab von ihm. „Ich gönne Ihnen Zeit, die meinige ist heute abgelaufen! Bald sehen wir uns wieder, hoffentlich zum Glücke für uns beide! Mit Ihrem Ritter habe ich mich schon ausgesprochen."

Ohne diese Rede, welche wie ein scharfer Dorn Virginia verletzte und beunruhigte, weiter zu erklären, empfahl er sich mit schnellem Abschiede und ging über die Treppe des Weges zurück, den er gekommen war. Er begegnete Alexander. Beide grüßten sich kalt und Emilio sagte im Vorüberschreiten: „Ich werde bald die Ehre haben, von mir hören zu lassen."

Siebentes Kapitel.

Die Verhaftung.

Als Graf Orkum mit den Depeschen des Königs in Neapel bei der Regentin sich meldete, hatte die Angelegenheit, welche den Monarchen zu den durchgreifendsten Maßregeln veranlaßte, bereits eine andere Wendung genommen. Das Decret des Königs athmete die äußerste Strenge; zur Ausführung desselben war aber der General Florestan Pepe, ein Mann von gütigem und wohlwollendem Charakter, bestimmt worden, eine Concession, welche Joachim demjenigen seiner Minister gemacht, welcher sich für Milde in der Behandlung dieser Angelegenheit ausgesprochen hatte. Ebenso war die Regentin verfahren. Sie hatte sogleich die zuverlässigsten Truppen nach Abruzzo marschiren lassen, als Commissarien aber zwei abruzzesische Grundbesitzer bevollmächtigt, welche im schönsten Rufe politischer Tugenden standen: den Cavaliere Delfico und den Baron Nolli. Das Feuer der Empörung, welches das ganze Königreich in Brand zu setzen drohte, war von der Insel Lissa im Adriatischen Meere aus entzündet und geschürt worden. Diese Insel hatten die Engländer stark besetzt und zu einem Hauptort ihres Handels und der Contrebande gemacht. In Calabrien, wo, durch Manches eingeschüchtert, allgemeine Entmuthigung herrschte, konnten sie nur insgeheim ihre Umtriebe fortsetzen, in den Abruzzen aber rührten sich die Carbonari freier, und an einem vorherbestimmten Tage war die Revolution gleichzeitig und allgemein in der Provinz Teramo an der Grenze des Reichs ausgebrochen. Der Plan war, sich bewaffnet im Felde zu versammeln, in die Städte einzudringen, die Behörden abzusetzen, neue zu ernennen, die Herrschaft Murat's als gestürzt zu erklären und Ferdinand von Bourbon zum constitutionellen König auszurufen, dann in gleicher Weise die andern Provinzen zu durcheilen und mit Hülfe der dortigen Bundesbrüder und des Glücks bis Neapel vorzudringen. Alles war nach Wunsch gegangen, jene ganze entlegene Provinz mit Ausnahme der Hauptstadt, revolutionirt, ohne daß es Gewaltthat oder Anstrengung gekostet hätte; Joachim's Behörden waren ruhig von ihren Posten abgetreten, die neuen führten ebenso ruhig die Geschäfte auf Grund der bestehenden Gesetze. Diese Umwälzung war in einem Tage bewirkt worden, ein Zeichen allgemeiner Zustimmung. Um so größer die Gefahr für die Regierung. So standen die Sachen, als Baron Tulli dem Könige die Botschaft in das Lager brachte.

Aber es war kein Nerv in dieser Erhebung. Schon in dem benachbarten District von Chieti hatte sie keinen Eingang gefunden; die Vorsichtsmaßregeln des Intendanten Montejasi hatten das verhütet und einige schnell herbeigeeilte Abtheilungen von Gensdarmen den Aufständischen von Teramo den Uebergang über den Pescarafluß verwehrt. Aeußere Hülfe blieb aus, die innere nachhaltige Kraft fehlte, das Strohfeuer war schon in sich selbst im Erlöschen. Die alten Beamten Murat's traten einer nach dem andern wieder in ihre Functionen, und die neuen wichen ihnen ebenso geräuschlos, als sie eingesetzt worden waren. Als Graf Orkum sich der Regentin vorstellte, um ihr die Depeschen ihres Gemahls zu überreichen, konnte sie ihm bereits sagen, daß die von Neapel abgeschickten Truppen zu spät gekommen und die Ruhe vor ihrer Ankunft schon vollständig wiederhergestellt sei. Die Königin ließ sich dann von ihm genauen Bericht über die Operationen der Armee abstatten, und was Orkum als Soldat beklagte, daß dieselben durch den Mangel an Uebereinstimmung zwischen den Verbündeten gehemmt würden, erfüllte ihr Herz mit Freude. Vielleicht war doch noch, trotz der Nachrichten aus Frankreich, welche nach der kurzen Siegesperiode für den Kaiser wieder traurig genug klangen, durch Zerwürfnisse der Verbündeten, auf welche die Königin hoffte, ein Umschwung der Dinge möglich, und dann fiel ihr die schöne Aufgabe wieder zu, die sie schon mehr als einmal glücklich gelöst hatte: ihren Bruder und ihren Gemahl zu versöhnen. Sie entließ den Adjutanten heute gnädiger, als sie sonst gegen ihn war. Er hatte sich niemals ihrer besondern Gunst rühmen können, da sie ihn nicht viel höher stellte, als einen Glücksritter, der sich nur eine glänzende und sorgenfreie Existenz durch den Fürsten, welchem er seine Dienste geweiht, habe sichern wollen; es waren aber noch andere Gründe hinzugekommen, welche den Grafen um den Rest ihrer Achtung gebracht hatten. Heute zeigte sie ihm jedoch ein huldreicheres Antlitz als je und fragte, als sie ihn entließ, sogar flüchtig nach seiner Frau, was sie bisher noch nie gethan. Er erwiderte, daß seine Frau auf dem Lande sei, und bat um Erlaubniß, wenn er nicht heute noch Depeschen für Se. Majestät zu erwarten habe, auf einige Stunden sein Gut besuchen zu dürfen. Die Königin gewährte ihm die Bitte und beschied ihn erst auf den zweiten Tag zum Empfang der Papiere, welche er dem Könige zu überbringen habe. Selbst der sonst geringen Beobachtungsgabe Orkum's war das veränderte Benehmen der Königin Karoline aufgefallen. Sie war ihm nicht gewogen und hatte ihre Gründe dazu, sie machte aus ihrer Abneigung gegen seine Frau, zu welcher sie noch mehr Ursache zu haben glaubte, selbst bei öffentlichen Gelegenheiten wenig Hehl; was war denn geschehen, daß sie auf einmal nach ihr fragte? War sie endlich über Virginia's Sinn und Charakter, der selbst ihm, dem Gatten, unbegreiflich war, mehr aufgeklärt? Auf welche Weise aber? Es war schon ein Räthsel, wie sie überhaupt von manchen Dingen unterrichtet worden, denn daß sie es war, ließ sich nicht verkennen; wie aber mußte sie neuerdings eine andere Einsicht, die sie offenbar zu beschwichtigen schien, gewonnen haben?

„Die Weiber!" sagte der Graf wenig ehrerbietig auf dem Heimwege vom Palast. „Sie gönnen sich nicht das Weiße im Auge!" Er traf dann Anstalten, nach der Rosaja, seinem Landgute, zu fahren, da er Virginia bereits erklärt hatte, daß er sich an sein Versprechen, sie dort nie zu besuchen, nicht mehr für gebunden halte. Es war eine zu kindische Caprice! Ihm hatte sie ja doch nichts mehr zu verheimlichen.

Virginia war denn von einer neuen Ueberraschung bedroht. Emilio's Betragen, seine Aeußerungen hatten sie bis in das Herz getroffen und empört, sodaß sie gleich, nachdem er sein letztes Wort gesprochen hatte, von der Veranda in ihr Zimmer gegangen war, ohne Alexander, den sie doch kommen sah, abzuwarten. Den

Jüngling hatte es wohl befremdet, aber er konnte sich denken, daß der Prinz in seiner frivolen Weise sie vielleicht verletzt habe und daß sie ihre Verstimmung nicht zeigen wolle. Sie ließ sich jedoch den ganzen Tag nicht mehr sehen; auch die kleine Giubitta, welche stürmisch nach ihr verlangte, erhielt keine Erlaubniß, zu ihr zu kommen, und Maddalena, als Alexander sie fragte, ob ihre Herrin krank sei, gab ihm kaum eine Antwort; ihre Miene war streng, fast feindselig, sodaß es ihm auffallen mußte.

„Sind Sie böse auf mich, Maddalena?" fragte er. Ihm war es unmöglich, gegen das Mädchen, das ihm nie wie eine Dienerin erschien, in einer andern Weise zu sprechen.

Sie gab ihm keine Antwort, aber sie erröthete und ein schneller abweisender Blick traf ihn. „Was habe ich Ihnen gethan?" fragte er wiederum, da er in ihrem Wesen die Bestätigung zu lesen glaubte, daß sie irgend etwas gegen ihn habe.

„Mir?" antwortete sie, und in dem räthselhaften Tone, mit welchem sie dies Wort sprach, konnte manche Deutung gefunden werden. Sie stand ihm aber nicht weiter Rede.

Am frühen Morgen des folgenden Tages brachte ihm ein Knabe aus der Osteria ein Billet; es war von dem vornehmen Herrn, welcher gestern dort gewesen und heute zurückgekommen war, zur Bestellung übergeben worden.

Vom Prinzen Angri! Alexander's Züge spannten sich, in seinen Augen funkelte der Unwille von gestern; ein Gefühl, das er nie gekannt, der Drang nach Vergeltung, schwellte seine Brust und zog die Muskeln seines Arms zusammen.

„Ich kehre heute schon nach Neapel zurück. Sie werden unverzüglich durch meinen Secundanten von mir hören. Da ich wohl annehmen kann, daß Sie als gewesener Student mit der Führung des Degens vertraut sind, werde ich Rappiere vorschlagen, stehe aber auch auf Pistolen zu Dienst, wenn Sie das vorziehen."

Deutsche Hiebe! Alexander hatte auf der Universität bei seinem zurückgezogenen Leben nie auf der Mensur gestanden und in der Fechtkunst nur wenig gelernt, aber es war ihm, als könne er nur mit der Klinge in der Hand, auf Armlänge von seinem Gegner getrennt, das Weiße in seinem Auge erkennend, von ihm die rechte Genugthuung für seine frechen und frevelhaften Reden erlangen. Während er noch in großer Aufregung mit dem Billet, das er zerknittert hatte, auf der Veranda stand, erschien Maddalena eilig und bestürzt. Alexander fragte sie erschrocken, ob die Gräfin kränker geworden sei.

„Nein, nein!" rief das Mädchen. „Aber Sie, retten Sie sich! Man sucht Sie, Gensdarmen!"

„Sie träumen, Maddalena! Was habe ich mit Gensdarmen zu schaffen?"

„Fragen Sie nicht; sie kommen schon in das Schloß! Fliehen Sie dort hinüber, in die Schlucht, zur Kirche!"

War sie denn immerdar die treue Warnerin vor Gefahr, und auch jetzt, wo ihre reine Seele von dem Verdacht, den ihr einst schon ihr Oheim eingeflößt hatte, durch das Zeugniß ihrer eigenen Augen mit Haß gegen Alexander erfüllt sein konnte, auch jetzt noch wollte sie ihn retten? Er verschmähte aber ihre Warnung und es war dann zu spät.

Durch die Ausgangsthür des Salons trat ein Gensdarmerieoffizier in voller Bewaffnung unter die Säulen der Veranda und kam, sobald er den Freiherrn erblickte, schnell auf ihn zu. „Sind Sie der Baron Alessandro Orkum?" fragte er.

„Der bin ich!" erwiderte Alexander, nun doch befremdet, da es Ernst zu werden schien, was er für ein seltsames Mißverständniß Maddalena's gehalten hatte.

Der Offizier überreichte ihm ein Papier; es war ein Verhaftsbefehl gegen ihn in aller Form, unterzeichnet und besiegelt.

„Der Grund ist nicht angegeben!" rief der Freiherr. „Darf ich fragen —"

„Ich kann Ihnen darauf keine Antwort geben", erwiderte der Offizier. „Sie werden den Grund Ihrer Verhaftung am besten wissen oder jedenfalls erfahren. Ich bitte Sie, mir ohne Aufenthalt zu folgen. Ihre Effecten werden nachkommen; ich habe dazu Befehl ertheilt. Keinen Widerspruch, Herr Baron! Sie sehen, ich habe Mittel, nöthigenfalls Gewalt anzuwenden." Er zeigte auf zwei Gensdarmen, welche jetzt ebenfalls unter den Säulen erschienen.

„Gut, mein Herr. Ich folge Ihnen. Ihre Behörde wird sich bald überzeugen, daß sie auf falsche Indicien hin sich übereilt hat; rechnen Sie aber auch darauf, daß ich bis zum Könige mein Recht suchen werde. Sie werden mir wenigstens erlauben, meiner Tante die Ursache meiner Entfernung zu sagen und zwei Zeilen in einer nicht erledigten Ehrensache zu schreiben!"

„En avant!" rief der Offizier mit dem ganzen Uebermuth seines Corps den Gensdarmen zu.

In diesem Augenblicke erschien Virginia. Maddalena hatte, als der Offizier herausgetreten war, keinen andern Rath mehr gewußt, als ihre Herrin eilends zu benachrichtigen.

„Darf ich fragen, Herr Kapitän", sagte die Dame stolz und gebieterisch, „was dieser Einbruch in mein Haus bedeutet?"

"Frau Gräfin", erwiderte der Offizier achtungsvoll, denn ihm war die hohe Stellung des Grafen Orkum bei dem Könige wohl bekannt, "ich bin beordert, diesen Herrn zu arretiren; die Pflicht meines Dienstes gestattete mir nicht, Ihnen zuvor eine Anzeige zu machen. Ich bitte deshalb um gnädige Entschuldigung. Ist es gefällig, Herr Baron?"

Virginia warf einen unruhig fragenden Blick auf diesen. "Ich gebe Ihnen mein Wort Tante, daß ich keinen Grund zu dieser Gewaltthat gegen meine Freiheit weiß!" sagte Alexander. "Das Räthsel muß sich ja alsbald aufklären! Erlauben Sie mir nur noch einen Moment zum Ordnen der erwähnten Angelegenheit, Herr Offizier."

"Ich bedaure!" erwiderte dieser. "Briefe zu schreiben ist Ihnen nicht mehr gestattet; auch werden Ihre Papiere schon sämmtlich in Beschlag genommen sein."

"Meine Papiere?" rief Alexander, und eine heiße Glut überflog sein ganzes Gesicht bei dem Gedanken, daß damit die geheimsten Regungen und Gefühle seines Innern, die er dem Papier anvertraut hatte, fremden Augen preisgegeben würden. Er war dadurch so fassungslos, daß es schien, als sei er völlig in Verzweiflung gerathen. Virginia erschrak vor diesen Zeichen eines unverkennbaren Schuldbewußtseins, die auch dem Offizier nicht entgingen.

„Es wird sich Alles aufklären, Sie haben Recht!" sagte dieser mit einem gewissen Hohn. „Setzen Sie mich aber nicht länger in Verlegenheit. Ich habe gemessene Ordre, Sie nöthigenfalls gefesselt abzuführen."

„Meine Tante, ich wiederhole, was ich Ihnen gesagt habe; ich bitte Sie nur, was auch in Zukunft von mir vielleicht zu Ihrer Kenntniß kommen mag, mich nicht zu verkennen, mir zu verzeihen!"

Virginia hatte jetzt auch den Muth und die Fassung verloren. Der Offizier winkte seinen Leuten, aber Alexander folgte ihm jetzt, ohne es zur Anwendung von Gewalt kommen zu lassen. Sein letzter Blick begegnete Virginia's Augen, welche mit Besorgniß und einer Glut auf ihn gerichtet waren, daß es ihn durchzuckte, wie an jenem Abende; sie erhob die Hand gegen ihn, wie zu einer trostreichen Betheuerung, dann schloß sich die Pforte zwischen ihm und ihr, vielleicht auf ewig.

Eine kurze Zeit gab sich Virginia dem Sturm ihrer Gefühle hin, ohne auch nur den schwächsten Versuch, ihnen Widerstand zu leisten. Sie wies Maddalena, welche zu ihr sprach, von sich, sie hörte gar nicht auf ihre Worte. In ihrem Zimmer eingeschlossen, ruhte sie eine Weile auf ihrem Sessel, in welchen sie kraftlos gesunken; ihr war, als stehe sie erst jetzt verlassen und allein in der Welt, da ihr der einzige Freund, der es treu mit

ihr meinte, geraubt war. Aber nicht lange währte dieser
Zustand der Schwäche. Sie ermannte sich, der Gedanke,
daß etwas geschehen müsse, um ihn zu retten, gab ihr
Kraft. Alessandro war nicht frei von Schuld, das glaubte
sie aus seinem Erschrecken über die Beschlagnahme seiner
Papiere erkannt zu haben; um so weniger durfte das
Ergebniß einer parteiischen Untersuchung, auf welche
in Neapel zu rechnen war, abgewartet werden. Nur
ein Machtbefehl konnte ihn retten. Durch wen aber war
dieser zu erlangen? Die Regentin würde sich nie zu einem solchen verstehen, am wenigsten, das fühlte Virginia
nur zu sehr, auf ihre Fürbitte. Und der König, der
ihn allein geben konnte, war fern, der Gang der Kriegs-
gerichte, wie das entsetzliche Beispiel Capobianco's bewies, so schauerlich rasch! Der Geistliche hatte ihr davon
erzählt. Virginia dachte an ihren Vater, an ihren Bruder. Camillo hatte sich gegen Alexander, wie dieser
oft gerühmt hatte, stets so freundlich bewiesen, aber
wenn er sich auch bewegen ließe, für ihn Schritte zu
thun, mußten sie nicht zu spät kommen? Nur eine un-
mittelbare, schleunigste Fürsprache konnte den Machtbefehl auswirken, welcher dem Gericht Einhalt that, und
wer hatte ein größeres Interesse daran als Alexander's
nächster Verwandter, sein Oheim, der dem Könige so
nahe stand? Sie überlegte nicht weiter, sie setzte sich

nieder, um an ihren Gemahl zu schreiben, zum ersten Male mit einer Bitte! Ein Eilbote sollte den Brief zur Armee bringen; unterdessen wollte sie durch Camillo wenigstens Aufschub eines allzu schnellen Verfahrens durch die Andeutung, daß der König eine Entscheidung geben werde, bewirken. Die ganze Energie ihrer Seele war erwacht.

Noch hatte sie den Brief nicht beendigt, als sie im Vorzimmer eine männliche Stimme hörte, vor welcher sie aufhorchend erbebte. „Willst Du mich wie eine Schildwache von meiner eigenen Frau abweisen?" hörte sie sagen. „Zurück, Mädel, wenn Du auch noch so hübsch bist!" Virginia sprang auf; führte ihr guter Engel im Augenblicke der Noth ihr die Rettung schon herbei? Mit keinem Gedanken strafte sie den Wortbruch, den sie trotz der Aufkündigung des Versprechens nicht für möglich gehalten hatte; sie dachte gar nicht an diesen, sie eilte ihrem Gatten zum ersten Male in ihrem Leben freudig entgegen. Er trat ein und stutzte über diesen Empfang, da er wohl einen ganz andern vermuthete; noch war er von dem, was sich hier begeben hatte, nicht unterrichtet. So machte Virginia's strahlendes Gesicht auf ihn einen Eindruck, der ihn sogleich kräftig den Arm um ihre Gestalt schlingen und sie an seine Brust ziehen ließ; der lang erbetene Friede war denn endlich geschlossen! Aber seine Berührung gab ihr schnell wieder die frühere Haltung zurück, welche sie nur einen Moment durch ganz andere Beweggründe verloren hatte; sie machte sich frei von seiner Umarmung und trat einige Schritte zur Seite.

„Nun, Frau, Dir thut es doch nicht etwa leid, daß Du endlich gegen Deinen Mann vernünftig bist?"

„Ich freue mich, daß Sie hier sind!" erwiderte Virginia jetzt, ohne ihn anzusehen. „Eine Gewaltthat ist hier geschehen, welche Sie gut machen und ahnden werden. Man hat Ihren Neffen mit bewaffneter Macht verhaftet."

Zuerst blickte sie Orkum starr an, als könne er die Nachricht nicht fassen, dann brach er in ein schallendes Gelächter aus. „Was? Den Jungen?" rief er. „Was hat er denn verbrochen? Eine alte Schartete aus der Bibliothek gestohlen oder eine Venus aus der Antikensammlung?"

„Ein politischer Verdacht scheint auf ihm zu ruhen; man hat seine Papiere in Beschlag genommen!"

„Donnerwetter, ja! Ich bin ihm begegnet! Wenn ich das gewußt hätte! Ich bin der Escorte begegnet — ein verschlossener Wagen, zwei Gensdarmen als Spitze auf hundert Schritt voran, zwei andere rechts und links neben der Kalesche. Man sieht dergleichen aber so oft, daß ich nicht fragte. Was ging's mich an? Ein politischer Verdacht, sagst Du? Wie ist der Bücherwurm dazu gekommen? Weißt Du gar nichts, Virginia? Hör' einmal, Du wirst mir am Ende auch abgeholt; in Deiner interessanten Grotte sind noch andere Zusammenkünfte gehalten worden als —"

„Sie werden doch keine Zeit verlieren?" unterbrach ihn Virginia, über deren Gesicht wieder der feindseligste Ausdruck zuckte.

„Sie interessiren sich gewaltig für den jungen Mann, Frau Gemahlin Durchlaucht!" erwiderte er lachend. „Es ist eine starke Portion Gutmüthigkeit, die Sie mir zutrauen! Ihm kann ein kühler Aufenthalt für einige Zeit bei seinem erhitzten Blute nicht schaden und ich habe während der Zeit Seelenruhe! Doch ich sehe, Du verstehst keinen Spaß; wir wollen also die Sache ernsthaft besprechen. Weißt Du wirklich keinen Grund, der ihn verdächtigt haben könnte?"

„Bei Gott, nein!" sagte sie.

„Und hast Du auch keine Muthmaßung? Bist Du fest überzeugt, daß er keine Ursache hat, sich vor einer Untersuchung zu fürchten? Ich sehe Dir's an, daß Du Deiner Sache nicht gewiß bist!"

„Wahrhaftig, nicht das Geringste wüßte ich zu sagen!" entgegnete sie. „Wenn er bestürzt war, als ihm die Beschlagnahme seiner Papiere angekündigt wurde, so ist das erklärlich; wer läßt gern seine Briefe, seine Tagebücher von Fremden lesen!"

„Darum schreibt man lieber gar nichts, wie ich, für eigene Rechnung! Du führst doch kein Tagebuch, Virginia?"

„O weichen Sie mir nicht aus! Verzögern Sie den Schritt nicht, den Sie jedenfalls für Ihren Neffen thun werden, thun müssen!"

„Muß ich?" fragte er. „Wie so? Und welchen Schritt meinst Du?"

„Den Befehl auszuwirken, daß diesem ungerechten Verfahren gegen Ihren nächsten Verwandten Einhalt geschehe!"

„Den Befehl vom Könige, nicht wahr? Und warum thut die Divina diesen Schritt nicht selbst?"

Ein Blick aus Virginia's Augen traf ihn, vor dem er augenblicklich verstummte; ein unheimliches Gefühl wurde in ihm geweckt, dessen er sich schämte, denn es war von Furcht nicht fern; er lenkte daher sogleich ein. „Laß uns vernünftig zusammen den Fall bedenken", sprach er. „Wenn mein Neffe, dessen Name wenigstens an mich erinnern muß, auf einen speciellen Haftbefehl aus meinem Hause oder Deinem, wie Du willst, abgeholt wird, so kann es nicht auf bloße unbestimmte Vermuthungen, sondern nur infolge einer ganz bestimmten Anklage geschehen sein. Nun bedenken Sie selbst, Virginia, ob es in diesem Falle nicht compromittirend für mich wäre, wenn ich beim Könige als sein Fürsprecher auftreten wollte. Der König würde mich unbedingt abweisen, denn er ist gegen die geheime Verschwörung, in welche sich der gute Alexander in seiner Dummheit eingelassen zu haben scheint, im höchsten Grade erbittert, und ich kann Ihnen sagen, Virginia, daß ich durchaus nicht mehr so gut bei ihm stehe, als in frühern Zeiten. Es wäre auch ein Wunder!"

„Aber Sie können wenigstens bewirken, daß nicht ein übereilter, grausamer Spruch, wie gewöhnlich, gefällt und vollzogen wird, sondern daß eine gerechte Prüfung, in welcher sich Alessandro's Unschuld herausstellen muß, das Urtheil bestimmt."

„Ich kann mich mit der ganzen Sache nicht befassen", versetzte der Graf, nachdem er eine Weile Alles bei sich erwogen zu haben schien. „Trifft ihn das Unglück, so ist es seine Schuld. Warum läßt er sich in Dinge ein, die ihn nichts angehen! Meiner werthen Person wegen ist der Majoratsherr nicht nach Neapel gekommen, und mitten im Kriege zu reisen setzt schon andere Zwecke voraus als die unschuldigen Studien, die er vorgab."

„Der Krieg war in Rußland, seine Heimat ganz ruhig! Dafür glaube ich bürgen zu können, daß er in Wahrheit zu keinem andern Zwecke nach Italien gekommen ist, als zu historischen Forschungen!"

„Charmant! Ich glaube aber nicht, daß ein Kriegsgericht Deine Bürgschaft annehmen wird. Wir müssen ihn seinem Schicksal überlassen. Es wäre allerdings hart für ihn, wenn er so jung und reich, Besitzer eines herrlichen Majorats, sterben müßte, indessen hinterläßt er keine trauernde Familie, nicht einmal eine Braut. Seine Güter können nicht confiscirt werden, denn sie liegen diesseits des Rheins, wo die Alliirten Alles wieder eingenommen haben, und am Ende käme der schöne Grundbesitz, um den ich meinen alten Bruder immer beneidet habe, doch noch in meine Hände."

Bei diesen Worten, welche mehr verriethen, als er eigentlich sagen wollte, gab Virginia, von einer tiefen Verachtung erfaßt, jeden Gedanken auf, durch ihn etwas für Alessandro's Rettung zu erreichen. Sie selbst mußte handeln, was aber konnte sie thun? Sie hörte nicht mehr, was er noch sprach; das Haupt in die Hand gestützt, welche den Ausdruck ihres Gesichts verbarg, saß sie mit Entwürfen beschäftigt, von denen sie einen nach dem andern als unausführbar verwerfen mußte. Endlich wurde sie aus ihrer Theilnahmlosigkeit durch einen Namen geweckt, welcher nie gleichgültig von ihr vernommen wurde. Sie blickte fragend auf, denn sie hatte nicht verstanden, was der Graf gesagt hatte.

„Willst Du sie kommen lassen?" fragte er nochmals.

„Ich war im Begriff, nach Neapel zu fahren", sagte sie, rasch aufstehend. In ihrem Geiste war das volle Bewußtsein ihres Verhältnisses zu dem Manne, den sie ihren Gemahl nennen mußte, wieder erwacht. „Ich konnte nicht erwarten, Sie hier zu sehen, da ich Ihr Ehrenwort dagegen hatte. Es stand Ihnen zu jeder Zeit frei, Ihre Besitzung zu besuchen; nur wenn ich hier wäre, hatten Sie mir versprochen fern zu bleiben. Was ich auch über Ihre Ehre dachte" — hier bebte ihre Stimme mächtig — „an Ihr Wort glaubte ich wenigstens, an das Wort eines deutschen Edelmannes! Sie haben mir auch diese letzte Täuschung geraubt, lassen Sie mich Ihnen das Feld räumen! Sie sind Herr in Ihrem Eigenthume, ich werde es nicht mehr betreten! Mit allen, die zu mir gehören, werde ich es noch heute verlassen!"

„Aber, Frau, ich bitte Dich um Gotteswillen!" rief der Graf. „Ich kam ja nur her, um nach drei Jahren endlich einmal nachzusehen; Du kannst Dir denken, daß es mich Deinetwegen interessirt. Alle diese Heimlichkeiten wären vermieden worden, wenn Du ganz einfach die Sache genommen hättest, wie sie nun einmal lag. Ich habe meine Ehre zum Opfer gebracht, ganz recht! aber die Welt wußte das nicht. Ein paar Wochen Gerede, dann wäre Alles vergessen gewesen."

Die Gräfin, bleich wie eine Sterbende, hatte schon

die Glocke gezogen. „Anspannen, zwei Wagen!" befahl sie, als die Procidanerin erschien. „Du wirst mich begleiten. Sage Frau Gianna, daß ich sie sprechen will, sogleich!"

„Sie wollen also den Skandal vor der Welt?" fragte der Graf mit unruhigem Tone, als das Mädchen sich entfernt hatte. Ihre Entschlossenheit hatte ihm das Gefühl gegeben, daß er sie nicht zum Aeußersten treiben dürfe.

„Ich überlasse es Ihnen, den Skandal zu vermeiden", erwiderte sie, noch immer tief erschüttert; in solcher Weise hatte er noch nicht zu ihr gesprochen, wie oft er es auch versucht hatte. „Ich reise nicht plötzlich ab, die Befehle dazu waren schon gegeben; nun habe ich noch weitere Anordnungen getroffen, das ist Alles. Ich gehe nach der Villa Angri, meinem Besitzthum; dort werde ich vor der Hand wohnen. Sie kehren wahrscheinlich zur Armee zurück, wie ich vermuthe; vor der Welt wird Alles glatt und eben sein!" Ihr Ton klang schmerzlich bei diesen Worten; plötzlich erhob sie ihr Auge mit einem bittenden Ausdrucke zu ihm und sagte weich: „Laß uns in Frieden scheiden!"

„Wir wollen gar nicht scheiden!" rief er, dessen rohes Gemüth jetzt doch ergriffen war. Die Wirthschafterin trat eben ein, und er verließ das Zimmer, um sich nach dem seinigen zu begeben, an dessen Eingang schon der Oberverwalter des Gutes auf ihn wartete, der ihm seine Meldungen machen wollte. Orkum hörte sie kaum an. Ihn beschäftigte die Wendung, welche sein Verhältniß zu Virginia genommen zu haben schien, denn so schroff sie stets gegen ihn gewesen war, hatte er doch immer mehr Interesse für sie gewonnen, und die Aussicht, daß endlich doch diese unnatürliche Spannung aufhören werde, war ihm sehr erfreulich. Aber seine Hoffnung täuschte ihn. Während er noch die andere Aussicht, welche sich ihm heute eröffnet hatte, die Aussicht, durch das Unglück seines Neffen in den Besitz des Orkum'schen Familienmajorats zu gelangen, in seinem Geiste erwog und schon allerlei Pläne daran knüpfte, ob er die ganze Stellung in Neapel und beim Könige, wo nach seinem höchst trivialen Ausdrucke nicht mehr viel zu „brudern" war, aufgeben, das Gut verkaufen und, hoffentlich mit seiner schönen Frau, nach dem Rhein zurückkehren sollte, fuhren bereits die beiden Wagen vor, welche Virginia zu ihrer Abreise anzuspannen befohlen hatte. Er kam eben zurecht, um in Gegenwart des Oberverwalters und der Dienerschaft von ihr Abschied nehmen zu können, was von ihrer Seite in so gemessener Form wie immer geschah und nur durch sein lebhaftes „Auf Wiedersehen!" vor den Leuten, welche ihre Abreise gleich nach seiner

Ankunft unbegreiflich finden mußten, einiges Decorum erhielt. Sieh! Da kam auch die stämmige Wirthschafterin mit dem Kinde an der Hand, um in den zweiten Wagen zu steigen. War das Giuditta? Welch ein wunderschönes Kind war sie geworden, seit er sie nicht gesehen hatte! Dies feine, vornehme Gesichtchen, diese zarten Farben, diese Augen, wie zwei Sonnen leuchtend! Warum konnte dies engelhafte Wesen nicht sein und Virginia's Kind sein! Er wollte der Kleinen die Hand geben, aber sie fürchtete sich vor ihm und barg ihr Köpfchen in dem Rock der Gianna, welche sie schnell in den Wagen hob und ihr mit einem kurzen Knix gegen den gnädigen Herrn folgte. Schon war der erste Wagen, in welchem sich Maddalena auf den Rücksitz, der Gräfin gegenüber, gesetzt hatte, abgefahren; der zweite rollte ihm nach, und Graf Orkum mußte sich selbst gestehen, daß er die lächerlichste Figur von der Welt spielte. Um den Anstand zu retten, beschloß er mit dem Verwalter wenigstens noch eine Revision der neuen Anlagen zu unternehmen, ehe auch er die Rückreise nach Neapel antrat.

Als Virginia die Hauptstadt erreicht hatte, gab sie Befehl, daß der zweite Wagen ohne Aufenthalt nach der Villa Angri fahre, wohin sie bald nachkommen werde; sie selbst ließ vor der Wohnung ihres Bruders halten, an welcher sie ihr Weg vorbeiführte. Sie hatte Camillo's Wohnung ebenso wenig als er die ihrige seit ihrer Verheirathung betreten. Ihre einzige Besorgniß war, daß sie ihn nicht zu Hause treffen werde; der Diener, welchen sie mit einer Frage danach hinaufgeschickt hatte, brachte ihr aber die Meldung, daß der Prinz ihr bereits entgegenkomme, und wirklich empfing sie Camillo schon auf der Treppe. „Es freut mich, Virginia, Dich bei mir zu sehen!" rief er. In seinem Geiste lebte die Erinnerung an die letzten Worte, welche er ihr beim Abschiede in der Casa dell' Orme gesagt. War der Moment, den er dort angedeutet hatte, für sie jetzt gekommen?

Sie dankte ihm für den herzlichen Empfang durch Wort und Blick und ließ sich von ihm in sein Zimmer führen, dessen Einrichtung ihr Auge schnell überflog, weil sie ihr ein Bild von dem Leben des ihr seit Jahren entfremdeten Bruders geben konnte. Als beide sich niedergelassen hatten, reichte Camillo der Schwester nochmals die Hand, erwartungsvoll, was sie ihm nun als Anlaß ihres außerordentlichen Erscheinens sagen werde. Aber seine Erwartung wurde getäuscht; nicht ihrer selbst und ihres verworrenen Schicksals wegen kam sie, sondern um eines Andern willen, und was Camillo's Scharfblick in der Seele dieses Andern längst gelesen hatte, diente dazu, daß sich sein Herz, das der Schwester sich schon weit geöffnet hatte, weil sie bei ihm Hülfe und Rath für sich zu suchen schien, wieder verschloß. Der Antheil für Alexander, welcher sogar ihren Stolz bis zu dem Schritte, den sie jetzt gethan, zu beugen vermochte, mußte ihm in einem strafbaren Lichte erscheinen.

„Ich weiß um die Verhaftung des jungen Orkum", erwiderte er ruhig, ohne seine Gedanken durchblicken zu lassen. „Da der Graf, sein Onkel, welcher über ihn natürlich die beste Auskunft hätte geben können, abwesend war und man wußte, daß ich mit dem jungen Mann zuweilen verkehrt habe, so erzeigte man mir die Ehre, meine Wahrnehmungen über ihn hören zu wollen. Ich konnte der Wahrheit gemäß nicht anders sagen, als daß ich ihn für sehr unschädlich und die Verdächtigung, welche ihn getroffen, für eine falsch begründete halte. Gleichwohl muß sie doch stark genug gewesen sein, um meine Aussage zu entkräften, denn wie ich eben benachrichtigt worden bin, ist der junge Mann nach dem Castell dell' Uovo gebracht worden."

„Du weißt seinen Aufenthalt!" rief Virginia, und in ihren Zügen malte sich eine gewisse Zerstreutheit, als sinne sie über diese Kunde nach, ob sich daran weitere Hoffnungen knüpfen ließen.

„Man hatte die Höflichkeit, da ich einmal in der

Angelegenheit befragt worden war und der Graf Orkum der Gemahl meiner Schwester ist, mich von der Verhaftung in Kenntniß zu setzen und mir auch eine Benachrichtigung über das Resultat der Untersuchung zu versprechen."

„Nicht wahr, Du bist von seiner Unschuld überzeugt? Du wirst auch ferner für ihn zeugen, ihn nicht fallen lassen?"

„Ich glaube, daß er sehr unschuldig an dem Verbrechen ist, das man ihm zur Last legt", sagte Camillo.

„Darf ich es wissen?" fragte sie rasch.

Er schien einen Augenblick unschlüssig, dann sagte er: „Warum nicht, da Du selbst gewissermaßen dabei interessirt bist? Man hat ihn im Verdacht, einem Haupte der Carbonari, das in Gefahr der Entdeckung und Verhaftung stand, von hier aus einen Eilboten gesendet zu haben, der es noch zu rechter Zeit warnen sollte. Dieser Bote kam zu spät, jener Chef der Carbonari wurde ergriffen und enthauptet —"

„Capobianco?" rief Virginia.

„Weißt Du also darum? Nun, Dein alter Gondolier Mas' Antonio, als Helfershelfer der Carbonari überführt und bereits verurtheilt, vom Könige aber aus romantischer Ritterlichkeit begnadigt, war jener Eilbote, dessen Absendung man dem jungen Orkum Schuld gegeben hat."

„Unmöglich!" rief sie. „Das ist ganz unmöglich!"

„Davon bin ich so fest überzeugt, als Du!" erwiderte er. „Aber Du wirst zugeben, daß die Anklage immerhin schwer genug ist, um seine Verhaftung zu rechtfertigen, und es wird nun darauf ankommen, ob er im Stande ist, seine Unschuld so zu beweisen, daß er freigesprochen werden muß."

„Du wirst für ihn sprechen, Camillo! Du kannst es, da Du selbst über jedem Verdacht illoyaler Gesinnungen erhaben stehst!"

„Alles, was ich habe für ihn thun können", erwiderte Camillo kalt, „ist bereits geschehen. Ich habe wenigstens bewirkt, daß er dem Kriegsgericht entzogen und dem Civilgericht übergeben ist."

„Dank Dir!" rief Virginia.

„Das ist aber auch Alles, was ich thun kann. Recht und Gesetz zu beugen würde ich selbst dem Könige nicht rathen."

„Wenn er unparteiische Richter findet, muß er als unschuldig freigesprochen werden! Weißt Du seinen Ankläger?"

Camillo zuckte die Achseln. „Und wenn ich ihn wüßte", sagte er, „so begreifst Du, daß ich ihn nicht nennen darf."

„Wird die Untersuchung lange dauern?" fragte sie,

und als sie auf die sonderbare Frage, die er nicht beantworten konnte, keinen Bescheid erhielt, stand sie plötzlich auf, dankte ihm für die Beruhigung, welche er ihr gegeben hatte, und nahm einen schnellen Abschied. Kein Wort über sich selbst und ihre Verhältnisse, keine Einladung an Camillo, nun auch sie einmal zu besuchen, nur zuletzt noch die erneute Bitte, für Alexander Orkum zu sprechen, als ob es ihr ganz gleichgültig sei, was der Bruder über ihren glühenden Eifer denke! Der Wahrheit gemäß bedurfte es des Sporns für Camillo nicht; ihm war es eine Ehrensache, Alexander nicht für fremde Schuld — und wessen Schuld! — büßen zu lassen.

Achtes Kapitel.

Der Sturz des Kaiserreichs.

Im Felde hatte der König endlich — zu spät! — das lange zögernde Abwarten aufgegeben. Die Nachrichten aus Frankreich, welche seine Gemalin betrübt hatten, waren für ihn eine ernste Mahnung gewesen, sich endlich als ein aufrichtiger Verbündeter zu zeigen, wenn er die Früchte seiner Politik nicht verlieren wollte. Schon zeigte sich Graf Balaschew immer schwieriger bei den Friedensunterhandlungen; Alles gestaltete sich den Neigungen und Interessen Joachim's immer widerwärtiger. Nur eine rasche Soldatenthat konnte die Wage wieder in das Gleichgewicht bringen — das Schwert des Brennus! Wie oft wünschte er sich in diesen Tagen an die Spitze eines Reiterheeres, mit welchem er wie Attila oder Dschingis-Khan die Erde, so weit die Hufe seiner Rosse trügen, überziehen und unterwerfen könnte! Da wäre ihm wieder das Blut leicht und fröhlich durch die Adern gerauscht! Aber auch in diesen gebundenen Verhältnissen mußte etwas geschehen. In einer Zusammenkunft mit Bellegarde wurden die neuen Kriegsoperationen beschlossen, welche gleichzeitig von den Neapolitanern am Taro, von den Oesterreichern am Mincio eröffnet werden sollten; jene gegen Piacenza, diese gegen Mailand. Am 13. April überschritt Murat mit 9000 Mann den Taro, während eine Legion den Uebergang von Borgoforte beobachtete und in Sacca ein Scheinversuch zum Brückenschlag über den Po gemacht wurde, um für Bellegarde, der gegen das Centrum und die Linke des Feindes operirte, eine Diversion zu machen. Diese wurde jedoch von siebenfacher Uebermacht verhindert; die combinirte Reserve blieb unthätig. Dagegen wurde der Feind, nachdem die Neapolitaner den Taro mit einem Verluste von 500 Mann überschritten hatten, zurückgeworfen; daß er nicht abgeschnitten wurde, gab der König in seinem Ungestüm dem österreichischen General Gobert schuld, welcher zu langsam gewesen sei. Die Sieger bivouakirten auf der Wahlstatt. Als Joachim beim ersten Morgengrauen schon wieder zu Pferde stieg, traf sein Adjutant, den er nach Neapel abgefertigt hatte, mit den Briefen der Regentin bei ihm ein. „Ich habe Sie früher erwartet!" sagte der König, der schon den Fuß im Bügel hatte. „Sie konnten sich nicht trennen, wie es scheint!" Und ohne seine Entschuldigung abzuwarten, befahl er ihm nur, die Depeschen an den Minister abzugeben und ihm sogleich zu folgen. Rapport und Vortrag nach dem Gefecht!

Orkum biß sich auf die Lippe. Mit seiner Herrlichkeit hier schien es aus, wenn nicht ein brillantes Ereigniß ihn wieder in der hohen Gnade befestigte. War das der Lohn? Wenn Orkum sich dachte, was ihm vielleicht ein unerwartetes Glück in nächster Zukunft bescheren konnte, vollkommene Unabhängigkeit von der Gnade dieses Emporkömmlings, der aus dem niedrigsten Volke stammte, während die Ahnen des Grafen reichsunmittelbar gewesen waren, keinem Landesherrn unterworfen, bis der Rheinbund sie säcularisirt hatte, so ritt er sehr unwillig, nachdem er seine Depeschen abgegeben, dem Könige nach, unwillig und todmüde nach der angestrengten Nachtreise. Das Tirailleurfeuer hatte bereits begonnen, als er ihn traf. Murat legte, als der Adjutant sich bei ihm meldete, nur kurz die Hand an seinen aufgeschlagenen Hut mit den wallenden Schwungfedern und wies ihn dadurch stumm in das Gefolge zurück, das hinter ihm auf dem Hügel hielt, von wo er das Gefecht leitete. Der Feind, der bei Firenzuola übernachtet hatte, war noch eingeholt worden; er wurde aber nach kurzem Kampfe über die Rura geworfen, und nur die Nacht machte der Verfolgung an dem schwach befestigten Kloster San-Nazzaro ein Ende. Jetzt erst ließ sich der König vom Minister Vortrag halten und nahm Orkum's Bericht über seine Sendung an. Er hatte bereits auf dem nächsten Wege Kenntniß von dem in sich selbst erloschenen Aufstande in den Abruzzen erhalten und auch den letzten Schein der Milde, zu dem er bewogen worden war, gegen die Empörer aufgegeben, indem er statt des Generals Florestan Pepe den französischen General Montigny dorthin abgeordnet hatte, dessen Härte bekannt war. Die Italiener nannten ihn einen bösen Charakter. Bei dieser Stimmung des Königs war es von Orkum sehr unvorsichtig, seines Neffen und dessen Verhaftung zu erwähnen; er that es aber dennoch. Der König hatte wohl keine Ahnung, daß Orkum einen Neffen habe und daß dieser vor kurzem in Neapel gewesen sei. Er hörte im ersten Moment aufmerksam zu, als er aber vernahm, daß dieser Neffe mit Orkum's Gemahlin auf dem Gute gewesen und dort verhaftet worden sei, sprühte er in seiner Weise ungeduldig auf. „Verschonen Sie mich! Ist er schuldig, so kann ihn Ihre Verwandtschaft nicht retten, noch minder die Fürbitte der schönen Frau!" Sein feuriges Auge blitzte bei diesen Worten über den Kreis der Anwesenden, ob einer sich getraue, an seinem Ausspruche zu zweifeln. Er entließ sie dann; die Disposition für den fortgesetzten Angriff am frühen Morgen war bereits gegeben.

Es war am 15. April. Die Sonne ging herrlich auf und versprach einen wunderschönen Tag. In besserer Laune, als der König gestern sein Gefolge entlassen hatte, begrüßte er es heute; sein Gesicht war heiter, wie immer, wenn er in das Gefecht ritt; auch Orkum, den seine Feinde schon für abgethan und beseitigt ansahen, erhielt einen freundlichen Gruß. Der Graf setzte sich denn anmaßender als je im Sattel zurecht und sprengte rücksichtslos Generalen und Excellenzen voraus, dem Könige dichtauf. Der feindliche Befehlshaber General Mancune schien bei San-Nazzaro Widerstand leisten zu wollen, das Kloster wurde aber nach einem hitzigen Gefechte genommen und der Gegner nach Piacenza hineingeworfen, zu dessen Angriff bereits im voraus Dispositionen entworfen worden waren. Dieser Angriff mußte jedoch gehörig vorbereitet werden; durch einen Handstreich durfte man nicht hoffen die Festung zu nehmen. Die Truppen richteten sich im Lager ein, der König nahm sein Hauptquartier, wie er oft zu thun pflegte, bei den Vorposten. Hier fand sich ein kleines, schön gelegenes Landhaus, wo für ihn schnell ein paar Zimmer bereit standen und in der Küche die königliche Dienerschaft das Diner zu beschicken thätig war. Auf einem schattigen Rasenplatze der Villa ging Joachim Murat mit dem Ingenieurgeneral Colletta auf und ab; er besprach mit ihm die Vertheidigungsmittel von Piacenza, und die besten Angriffspunkte. Jetzt war er wieder ganz Soldat und die kühnsten Hoffnungen belebten seine Brust. Orkum, der in einiger Entfernung unter den Bäumen stand, hatte ihn kaum je so freudig gesehen.

Da trafen fast zugleich zwei Offiziere ein, welche sich zuerst an den Adjutanten wandten, um sie beim Könige zu melden; der eine kam vom österreichischen Feldherrn, der andere aus Frankreich! Schon hatte sie Joachim bemerkt und kam Orkum entgegen, welcher sie ankündigen wollte. „Aus Frankreich?" rief er und sein Gesicht belebte sich. „Lassen Sie ihn gleich näher treten!" Aber er besann sich doch, daß er seinen jetzigen Verbündeten mehr Rücksichten schuldig sei und befahl seinem Adjutanten, den Ordonnanzoffizier des Grafen Bellegarde zuerst kommen zu lassen. Dieser meldete sich als Ueberbringer eines Schreibens von seinem Feldmarschall und überreichte dasselbe. General Colletta war einige Schritte zurückgeblieben; zu dem Adjutanten hatten sich noch einige andere Generale und hohe Offiziere gefunden. Aller Augen waren auf den König gerichtet, welcher die österreichische Depesche eiligst erbrach. Kaum hatte er die erste Zeile gelesen, als er erblaßte und einen schnellen dunklen Blick auf seine Offiziere warf. Graf Bellegarde benachrichtigte ihn von der Einnahme von

Paris durch die Verbündeten und kündigte zugleich an, daß die Feindseligkeiten in Italien ruhen und Friedensunterhandlungen mit dem Vicekönige Eugen angeknüpft werden sollten! Heftig bewegt, mit verstörten Mienen ging der König für sich ganz allein ein paar Schritte weiter; dann gab er ein stummes Zeichen, daß der andere Offizier, welcher den an ihn gerichteten Fragen der Generale bis jetzt nur ausweichende Antworten ertheilt hatte, näher treten solle.

„Was bringen Sie?" redete ihn der König hastig an.

„Alles ist verloren, Sire!" antwortete der französische Offizier mit bewegter Stimme, indem er sein Schreiben überreichte.

Der König nahm es schweigend in Empfang, seine starke Hand zitterte. Der Bericht war umfangreich und von dem verhängnißvollsten Inhalt. Das Mißgeschick des Kaiserreichs, das Unglück seiner Waffen, der Verrath einiger Führer, die Felonie eines Ministers, die Untriebe der Ehrgeizigen, die Verhandlungen und das Absetzungsdecret des Senats, die Flucht des Königs Joseph, die Capitulation von Paris, die Abdankung des Kaisers, die Rückkehr der Bourbonen unter dem Jubel des feilen Volks, das in Frankreich mehr als anderswo der Macht und dem Glücke zujauchzt — Alles, Alles stürzte wie in einem Katarakt auf den König ein und beraubte ihn einen Moment seiner ganzen Fassung. Wenn er viel Unglück erwartete, eine so beispiellose Katastrophe hatte er doch nicht für möglich gehalten! Der stolze, für die Ewigkeit aufgethürmte Bau Napoleon's lag in Trümmern! Joachim konnte seine Traurigkeit nicht beherrschen, als er den versammelten Offizieren die Ereignisse in Frankreich mittheilte; er befahl dann auch hier die Einstellung der Feindseligkeiten und ritt nach Firenzuola zurück, um von dort bald nach Bologna abzureisen, wohin ihm alle Personen, die in seinem Hauptquartier anwesend waren, unverzüglich folgten. Mehrere Tage verlebte er in äußerster Niedergeschlagenheit, welche eher noch zunahm, als daß sie den Vorstellungen seiner vertrautesten Freunde gewichen wäre; er dachte an nichts Anderes als an den Sturz des Kaiserreichs, das er selbst mit all seinen Kräften hatte aufrichten helfen, an Napoleon, der ihm nicht mehr als stolzer Despot, ungerecht auch gegen ihn, sondern nur als sein Wohlthäter und Verwandter und nun im Unglück erschien. Die eigenen Gefahren, welche ihm in der jetzigen Lage drohten, beschäftigten Joachim's Geist nicht.

Unterdessen war der Vertrag zwischen dem Vicekönig von Italien und Bellegarde abgeschlossen worden, welchen auch Murat genehmigte. Das Heer des Prinzen Eugen trennte sich; die Franzosen kehrten in ihre Heimat zurück; die Italiener sollten den Landstrich behalten, welchen sie besetzt hatten, nämlich zwischen Po, Mincio und den Alpen; die Neapolitaner hatten die Stellungen einzunehmen, welche in den Tractaten des Bündnisses bestimmt waren; alle festen Punkte diesseits des Mincio, welche die Franzosen noch besetzt hielten, mußten den Oesterreichern übergeben werden. Genua, das von den Anglo-Sicilianern berannt war und in Kenntniß von den Thatsachen in Frankreich gesetzt wurde, capitulirte; Lord Bentinck mit britischer Eigenmächtigkeit erklärte sogleich die Wiederherstellung der alten Republik mit ihren Gesetzen und Behörden nach dem Zustande von 1797, ohne sich darum zu kümmern, was der Rath der verbündeten Mächte darüber beschließen werde.

Welch ein Zustand überhaupt in Italien, ehe wieder geordnete, wenn auch nicht bessere Verhältnisse eintraten! In Mailand, der von Napoleon bevorzugten Stadt, brach ein Volkstumult aus; er wurde schnell zum bewaffneten Aufruhr. Zu den Bürgern gesellte sich das hereinströmende Landvolk, an das die Leiter der Bewegung schon Waffen vertheilt hatten. Alle Wappen und Zeichen des Königreichs Italien wurden herabgerissen und besudelt wie sie in unsern Tagen nach gleichem Aufruhr gegen das Haus Oesterreich wieder aufgezogen worden sind, um heute abermals zu Gunsten einer verhofften Republik angefeindet zu werden! Die Autorität der Behörden wurde verhöhnt, der Minister Prina erbarmungslos gemordet und eine provisorische Regierung eingesetzt, welche sofort eine Gesandtschaft an die nordischen Monarchen abfertigte, um von diesen eine freie Constitution zu fordern, deren Entwurf sie bereits fertig mitbrachte. Der Vicekönig, welcher die Anwendung von Waffengewalt bei der Ungewißheit der Zukunft nicht für gerathen hielt, Bürgerblut zu vergießen auch nie vermocht hatte, verließ das Land, wo seine Regierung nichts mehr thun konnte und selbst seine Person bedroht war, und begab sich nach Baiern zum Könige Max, seinem Schwiegervater. Darauf ließ der Feldmarschall Graf Bellegarde, den Vertrag überschreitend, seine Truppen in Mailand einrücken, um der Anarchie ein Ende zu machen. Mit dem Königreich Italien hatte es nun thatsächlich ebenfalls ein Ende. Im Kirchenstaate, soweit er wieder unter die Herrschaft Pius' VII. zurückgekehrt war, hatte der Papst bereits alle Gesetze des französischen Kaiserreichs widerrufen und die alten bis auf die Tortur hergestellt; ebenso Victor Emanuel, kaum wieder auf seinem Throne seßhaft, die von 1770; in Toscana waren sogar von einem übereifrigen Diener Ferdinand's III., der dem edlen Großherzoge voraneilte, die neuen Schulen, die Kunst- und Wohlthätigkeitsanstalten, weil von den

Franzosen errichtet, aufgehoben worden. Das bisherige Königreich Italien, Parma, Modena, Lucca, die drei Legationen und die sogenannten Presidien von Toscana — letztere förmlich vergessen in den früher abgeschlossenen Verträgen! — waren in den Händen der Oesterreicher und wurden ohne bestimmte Gesetze nach dem gelegentlichen Bedürfniß militärisch verwaltet. Genua hatte, von Freiheit träumend, seine alte Verfassung wieder aufgerichtet, die man ihm doch nicht lassen mochte. Die Marken, von neapolitanischen Truppen besetzt, standen unter einer gemischten und nicht selten willkürlichen Regierung. Was war aus dem Traume eines einigen und unabhängigen Italien geworden, an dessen Spitze sich schon Joachim Murat gesehen hatte! Nur in seinem eigenen Reiche Neapel war die neue Ordnung der Dinge, wie sie aus der Franzosenherrschaft hervorgegangen, noch in Kraft, und es fragte sich, ob der König, der nach dem Sturze Napoleon's und der Rückflut des Alten über alle Lande wie ein Fremdling isolirt in der jetzigen politischen Strömung der Zeit stand, es möglich machen werde, seine Krone und mit ihr Alles, was die Franzosen schon damals stolz die Civilisation, ihr Werk nannten, aufrecht zu erhalten, oder ob die trübe Prophezeiung, welche seine Gemahlin einst gegen ihn ausgesprochen, sich erfüllen sollte.

Was an ihm war, sich in seiner Stellung zu behaupten, geschah jetzt mit aller Thatkraft, deren Murat fähig war. Er hatte sich ermannt. Das Geschehene ließ sich nicht mehr ändern. Wie tief ihn auch der Sturz seines Schwagers erschüttert hatte, er durfte sich nicht der Trauer um ihn hingeben, wenn er nicht mit in den Abgrund gerissen werden sollte; er mußte den Verbündeten gegenüber, welche jetzt seiner Hülfe nicht mehr bedurften, fest und würdig auftreten. Daß er in den letzten Tagen des Feldzugs, noch ehe ihm die Ereignisse an der Seine bekannt sein konnten, mit solcher Energie den Krieg gegen die Armee Napoleon's in Italien betrieben hatte, sprach ja für ihn und entkräftete jedenfalls das Mißtrauen, das eine Zeit lang und, wie er sich selbst wohl bewußt war, mit Recht gegen ihn geherrscht hatte. Sobald er seine Angelegenheiten in Bezug auf die ihm garantirten Landstriche nach Kräften geordnet hatte, ernannte er den General Carrascosa zum Gouverneur der Marken, ließ ihm zwei Legionen und kehrte nach Neapel zurück, um dort den innern Angelegenheiten seine ganze Sorgfalt zu widmen. Nur wenn er diesen eine größere Festigkeit gab, sich in dem Vertrauen und der Anhänglichkeit seines Volkes, das seine Wohlthaten erkennen mußte, einen starken Unterbau für seine Macht sicherte, durfte er hoffen, den Stürmen, welche ihm drohten, zu trotzen. So hatten ihm die einsichtsvollsten Männer gesagt, welche es treu mit ihm meinten, so hatte ihm auch seine Gemahlin, die Regentin, geschrieben. Klugheit und Festigkeit! Er fürchtete sich vor dem Wiedersehen der Königin Karoline, vor ihren Thränen um den Bruder, vor ihren Vorwürfen, daß er ihn doch wohl hätte retten können, wenn er sich nicht von der nationalen Partei, welche sie haßte, hätte gewinnen lassen; aber sie hatte ihm doch schon ihre Zufriedenheit über seine zögernde Kriegführung bezeugt und war selbst zu kräftigen und klaren Geistes, um sich gegen Thatsachen mit ohnmächtigen Klagen zu sträuben, zu klug und zu stolz, um der Welt ihre wahren Gefühle zu zeigen, und so hoffte er, den ersten schweren Moment mit Ruhe bald vorüberzuführen.

Seine Hoffnung täuschte ihn nicht. Kein Zeuge war bei der ersten Unterredung zugegen, welche das königliche Paar nach der Rückkehr Joachim's hatte, aber sein von Zuversicht strahlendes Gesicht, als er wieder zu den Herren seines Gefolges trat, seine ganze Haltung bei der großen Cour, welche stattfand, um ihn zu beglückwünschen, verkündigte, daß zwischen ihm und der Königin, welche heiter und glücklich schien, keine Meinungsverschiedenheit stattfand. Enthusiasten gaben sich schon der Hoffnung hin, daß bei den verwirrten Zuständen Italiens er doch der Held der Zukunft sein und, wenn die Waffer, die jetzt hoch gingen, sich vor ihm, dem Felsen im Meere, verlaufen hätten, der ganzen Halbinsel endlich das Heil der Einheit unter seinem Schild und Schwert bringen werde.

Große Feste folgten sich in fast ununterbrochener Reihe, am Hofe auf Befehl, von den Hochgestellten und dem vornehmen Adel, soweit er zu Murat hielt, aus Eifer, sich im Lichte der besten Gesinnung zu zeigen. Neapel schien in den Carneval, in einen Taumel der Lust versetzt, der sich bis auf die untersten Volksklassen erstreckte. Und doch war es in den höchsten Regionen eitel Trug und Gaukelspiel; denn schon stiegen die drohenden Zeichen am Horizont herauf, die sich nicht verkennen ließen, und an manchen Orten hatten sich auch wieder Sturmvögel gezeigt, wie sie das wachsame Auge schon oft als Herolde nahender Wetter bemerkt hatte.

Ein Erlaß des Feldmarschalls Grafen Bellegarde wurde in Neapel gelesen, der die Rückkehr der alten Lombardie unter die Herrschaft des Hauses Oesterreich verkündigte. In dem Friedensvertrage von Paris, welcher am 30. Mai abgeschlossen war, suchte der König von Neapel vergebens seinen Namen; er las von dem Congresse zu Wien, wo die Streitfragen des Besitzes geordnet werden sollten — von ihm war keine Rede! Das

Wort „Legitimität" klang wieder mit der Deutung, daß nur durch sie auf den Trümmern, welche die Revolution geschaffen, deren böse Werke zerstört, das Gute erhalten und dauernde Zustände auf der alten rechtmäßigen Grundlage aller Herrschgewalt wiederhergestellt werden könnten. Durfte Murat dies Princip für sich günstig nennen? Gleichwohl nahm er es für selbstverständlich an, daß er auf Grund des abgeschlossenen Bundesvertrags den Congreß von Wien beschicken müsse, und ernannte im voraus zu seinen Gesandten den Herzog von Campochiaro und den Fürsten Cariati. Am Hofe rauschte indessen das Freudenmeer im üppigsten Wogenschwall, und Viele mochte es geben, die sich mit Lust darein versenkten, um den Augenblick zu genießen, wohl ahnend, daß er nur kurz sein werde. Der König selbst gab zuweilen den Gang der Festlichkeiten an; ja er bekümmerte sich inmitten der ernsten Arbeiten, zu denen er die besten geistigen Kräfte Neapels berufen hatte, am Morgen, ehe er in die Versammlung der erleuchteten und patriotischen Männer ging, welche mit ihm das Wohl des Vaterlandes berathen sollten, um die Veranstaltungen des Hofmarschalls für den Abend und bestimmte einzelne Personen, die er einzuladen befahl. Es konnte ihn reizen, wenn diesen Einladungen auch unter triftiger Entschuldigung, nicht Folge geleistet wurde.

„Werden wir diesmal Ihre Frau sehen?" fragte er den Obersten Orkum an dem Tage, wo die Garnison den aus dem Felde zurückgekehrten Truppen ein großes Fest gab und der ganze Hof seine Erscheinung zugesagt hatte.

Orkum war überrascht von der Frage, welche der König zum ersten Male in Gegenwart der übrigen Herren seines Gefolges an ihn richtete. Er konnte sie nicht einmal beantworten, denn Virginia hatte ihren Entschluß, in der Villa Angri ihren bleibenden Aufenthalt zu nehmen, ausgeführt und er war des Anstandes wegen zwar ein- oder zweimal, als er sie dort aufsuchte, angenommen worden, nie aber zu einem Gespräch mit ihr unter vier Augen gekommen, sondern nur in Maddalena's Anwesenheit, welche mit einer Arbeit beschäftigt auf Befehl ihrer Herrin im Zimmer geblieben war.

„Majestät, ich fürchte —" begann er verlegen, aber der König unterbrach ihn sogleich: „Ein Soldat fürchtet nichts! Die Königin erwartet Ihre Frau heute Abend."

Noch war es Zeit, Virginia diesen Befehl, denn anders war die Sache doch nicht zu nehmen, vor Beginn der militärischen Feierlichkeit, welche gegen Mittag dem großen Festmahle vorausging, zugehen zu lassen. Graf Orkum schrieb seiner Gemahlin und legte ihr dringend ans Herz, nur diesmal sich nicht wieder mit Krankheit zu entschuldigen, da sie ihn bei dem so bestimmt ausgesprochenen Wunsche des Königs in die schlimmste Lage setzen würde. Als er das niedergeschrieben, lachte er selbst bitter auf. „Was kümmert sie sich darum, wenn mich auch der König fortjagte, wie es so vielen braven Soldaten, die ihr Glück an das seinige geheftet haben, in Aussicht steht?" sagte er für sich. „Ich sollte ihr schreiben: „Wenn Du kommst, gibt der König Deinen Cicisbeo frei." Wie freudig würde sie Toilette machen!" Indessen stand die Bitte, von der er sich nichts versprach, einmal geschrieben und er schickte den Boten nach der Villa Angri ab. „Die Antwort zur Parade!" befahl er ihm.

Es waren die Heeresabtheilungen, welche den Feldzug in Deutschland mitgemacht hatten, denen die Garnison von Neapel das Fest gab, und der kriegerische Pomp, der auf Befehl des Königs vorher auf dem Marsfelde durch eine Paradeaufstellung zum Entzücken der schaulustigen Bevölkerung der Hauptstadt entwickelt wurde, erinnerte an die unvergeßliche Fahnenweihe am 26. März 1809, am Tage nach dem Geburtsfest beider Majestäten. Damals waren 12,000 Mann in der Strada di Chiaja geschaart gewesen; der König auf dem Throne sitzend, die Königin mit den Kindern, die Minister, die

Generalität, der ganze Hof auf prächtigen Tribünen; dem Throne gegenüber ein Altar mit dem Kreuz und den Fahnen, welche den neuen Regimentern verliehen werden sollten, und auf reichem Sessel in pontificalibus, umgeben von Geistlichkeit und Ministranten, der Cardinal Firrao bei strömendem Regen! Unter dem Donner des Geschützes von den Castellen und Schiffen hatte der Cardinal die Fahnen eingesegnet, dann waren sie im Halbkreise um den Thron des Königs aufgestellt worden, um dort eine nach der andern von den Truppen empfangen zu werden; in diesem Augenblick hatte sich plötzlich der Himmel aufgeklärt und der herrlichste Sonnenschein dem Fest bis zum Ende geleuchtet. Von jenen Tapfern, wie viele waren heute noch unter den Fahnen? Doch mochten wohl nur ihre wenigen alten Waffengefährten, welche, meist mit Narben bedeckt, aus Rußland und Deutschland in die Heimat zurückgekehrt waren, bei der Erinnerung an die Fahnenweihe so ernste Fragen sich stellen, dem Volke war es dasselbe Schauspiel mit andern Figuranten. Gleichviel, es erfüllte seinen Zweck, wie auch die Festlichkeiten des Hofes, die Jagden und Turniere; sie zeigten die Macht und Herrlichkeit des Königs im schönsten Glanze und zerstreuten jeden Zweifel an deren Beständigkeit.

Den Abend des Tages krönte ein Ball in den

großartigen Räumen, welche mit verschwenderischem Luxus dazu geschmückt waren; der König und fast noch mehr die Königin Karoline liebten diese Pracht. Graf Orkum war vom persönlichen Dienst bei der Majestät heute entbunden worden, um seine Gemahlin zum Feste zu begleiten; sie hatte zugesagt. Seit der Rückkehr des Monarchen war die Divina, wie nicht unbemerkt geblieben, bei keiner Gelegenheit, weder am Hofe noch in den Palästen der Großen, welche sie sonst durch ihre Gegenwart geziert hatte, erschienen. Es hieß, sie sei krank, aber wenn man sich der großen Cour im vorigen Jahre erinnerte, wo die Königin sie in so auffallender Weise zurückgesetzt hatte, und dem eigenthümlich geheimnißvollen Lächeln ihres Vetters, des Prinzen Emilio, bei jeder Frage nach dem Befinden seiner schönen Cousine eine Bedeutung gab, so erschien diese Krankheit sehr zweifelhaft. Welches Aufsehen erregte es daher, als ganz unerwartet die Gräfin Orkum kurz vor den Herrschaften am Arme ihres Gemahls in den Saal trat! Aber wie bleich war sie, welche Veränderung war mit ihr vorgegangen! Im ersten Moment ging es wie ein unheimliches Befremden durch die glänzende Versammlung, diese todtenblasse Gestalt unter den blühenden oder geschminkten Damen erscheinen zu sehen; doch war es nur ein Moment, nur der erste Blick, mit dem nächsten überzeugte man sich, daß gerade diese Lilienblässe sie in höherer, fast überirdischer Schönheit strahlen ließ, daß es noch die Divina war, heute göttlicher als je! Prinz Emilio, welcher, von ihrer unerwarteten Erscheinung ganz aus der Fassung gebracht, mitten im Gespräch mit einer der schönsten und kokettesten Frauen verstummt war, fand sich, als er wieder sprechen wollte, von seiner Dame verlassen und starrte mit Gefühlen, die sein Inneres qualvoll zerrissen, nach Virginia hinüber. War diese Verheerung ihrer Rosen sein Werk? Aber sie stand in so ruhiger und stolzer Haltung, wie er sie noch nicht erblickt zu haben glaubte, sie sprach so gelassen mit den Wenigen, die sich herbeiließen, ihr zu nahen, ehe sie wußten, wie sich heute die Königin gegen sie benehmen werde.

Da kam der Hof, die Majestäten — es war ein militärisches Fest! — schon in den vordern Zimmern mit begeistertem Zuruf begrüßt, der König in all seiner Pracht des äußern Aufzugs; die frohste Stimmung aus den Zügen seines ausdrucksvollen Gesichts sprechend, die Königin so heiter und klar, wie sie sich öffentlich lange nicht gezeigt hatte. Und siehe! Bald hatte sie im Kreise die Gräfin Orkum bemerkt und sprach mit ihr in der freundlichsten Weise, fragte sie theilnehmend, daß Viele es hören konnten, nach ihrer Gesundheit und kam sogar, als sie schon ein paar Schritt weiter gethan hatte, nochmals zu ihr zurück, um noch irgend eine Frage an sie zu richten. Was auch die Königin sonst gegen Virginia gehabt haben mochte, und es schien nicht schwer zu errathen, jetzt war Alles wieder gut; wodurch aber und wie, das gab denen, welche sich dafür interessirten, viel zu denken. Der König sprach ebenfalls mit der Gräfin, aber in anderer Art, als man sonst von ihm, der eine ritterliche Aufmerksamkeit mit vieler Soldatenfreiheit gegen Damen zu vereinigen wußte, gewohnt war; wenn man es bei ihm für möglich gehalten hätte, würde man heute eine gewisse Unsicherheit des Benehmens bemerkt haben, als er mit Virginia sprach, welche vor ihm so kalt und gemessen stand, als wäre sie die Fürstin, welche einem Vasallen Audienz ertheilt.

„Sie hat es verstanden, sich eine Position zu sichern", flüsterte die schöne, kokette Frau, welche bei Virginia's Eintritt mit dem Prinzen Emilio Angri gesprochen hatte, einer sehr starken Dame an ihrer Seite zu.

„Es ist aber doch ein Skandal, daß sie nicht ein wenig Roth aufgelegt hat!" erwiderte diese. „Mit einem solchen Leichengesicht zu kommen, ist ein Affront für die ganze Gesellschaft."

„Die Männer sind aber gerade heute begeistert von ihrer Schönheit, liebe Prinzessin", bemerkte die Andere.

„Vampyrische Gelüste!" entgegnete die Prinzessin, mit dem Fächer ihr ansehnliches Gesicht kühlend, dem man wenigstens keine krankhafte Blässe nachsagen konnte.

Virginia hatte sich, offenbar dazu veranlaßt, den Damen der Königin angeschlossen. Es mußte jedenfalls eine große Veränderung in ihrer Stellung vorgegangen sein, daß sie in eben dem Maße, als der König sich von ihr zurückzog, die Gunst der Königin gewonnen hatte. Eine der scharfsinnigsten Beobachterinnen wollte es dadurch erklären, daß die Königin gerade auf Virginia eifersüchtig gewesen sei, weil sie eine ernstliche Neigung ihres Gemahls, welche seiner Natur sonst fremd war, zu der Divina gefürchtet habe, daß sie aber nun von dieser Besorgniß zurückgekommen sei und das Unrecht, welches sie der Gräfin gethan, wieder gut machen wolle. Denn es war nicht zu leugnen, daß Virginia, wenn der König wirklich ein tieferes Gefühl für sie empfunden, ihn durch ihr Benehmen vollständig davon geheilt hatte. Dies Benehmen, seit die Gräfin Orkum am Hofe und in der Gesellschaft erschienen war, hatte für letztere ein unergründliches Räthsel gebildet. Wo jede Andere sich im Uebermaße geschmeichelt gefühlt hätte und der Auszeichnung vielleicht mehr als halbwegs entgegengekommen wäre, hatte sich Virginia mit einer wahrhaft altrömischen Matronenhaftigkeit gepanzert, und was eben das Beleidigendste für den König war, der auch als Mann seine gerechten Ansprüche machte; nur gegen ihn hatte sie sich in dieser kalten Weise benommen; gegen alle Andern war sie die echte heißblütige Neapolitanerin in sprühender Lebenslust gewesen. Wenn sie kein Spiel feiner Berechnung getrieben, wie Viele meinten, so hatte sie es verloren; der König war vollständig abgekühlt, statt durch ihr Versagen zu höherer Leidenschaft entflammt zu sein. Selbst die kokette Frau, welche noch heute von der sichern Position Virginia's gesprochen hatte, mußte ihre vorgefaßte Meinung endlich aufgeben; sie glaubte aber nun die Ursache zu der Krankheit der Gräfin gefunden zu haben; es war die Reue, daß sie den Bogen allzu scharf gespannt habe, bis er zerbrochen sei.

Virginia blieb nicht lange auf dem Feste. Sie verschwand ziemlich früh, ohne daß ihre Entfernung noch von dem Hofe bemerkt worden wäre, da die Wogen der zahlreichen Gesellschaft bei der ausgelassenen Stimmung, welche von den militärischen Festgebern ausging, aufgeregt durcheinander fluteten. Nur Emilio hatte seine Cousine nicht aus den Augen verloren. Es war ihm nur ein einziges Mal gelungen, in ihre Nähe zu kommen und ein paar flüchtige Worte ungehört von Andern zu ihr zu sprechen. „Sie haben mich grausam zurückgestoßen, als ich Ihnen meinen Beistand bot!" hatte er ihr zugeflüstert. „Ich habe es nicht über mein Herz bringen können, Vergeltung zu üben. Noch harre ich auf ein gütiges, liebevolles Wort."

„Mein letztes Wort haben Sie!" war ihre Entgegnung gewesen, so schneidend, daß es ihn wie ein Dolchstich getroffen, und sie hatte sich von ihm hinweg zu dem Nächststehenden gewandt, um ihn mit einer Freundlichkeit anzureden, als wolle sie Emilio absichtlich zur unversöhnlichsten Feindschaft reizen. Kämpfend mit sich selbst war er zurückgetreten, aber seine Blicke hatten sie unablässig verfolgt. Kurz ehe sie aus dem Saale in die anstoßenden Zimmer verschwand, schien sie einen Moment noch gezaubert zu haben; der König war zufällig ihr gegenüber in einiger Entfernung mit einer Gruppe von Damen in lebhafter Unterhaltung begriffen gewesen und Emilio hatte bemerkt, daß sich Virginia's Augen auf Joachim Murat richteten; es war ein seltsamer Blick, man hätte ihn schmerzlich nennen können! Lange, vielleicht unbewußt ruhten diese schönen schwarzen Augen auf dem Könige, der keine Ahnung davon hatte; plötzlich, wie von magnetischer Kraft berührt, blickte er auf und hinüber zu der bleichen Frau, welche nun augenblicklich aus ihren Gedanken aufgeschreckt den Saal verließ.

Welche Gedanken mochten es gewesen sein, die

ihre Augen mit diesem wunderbar schmerzlichen Blick auf den König gebannt hatten? Emilio war darüber keinen Moment in Zweifel. Noch saß der Glückliche, den er mit wüthendem Haß beneidete, im Kerker und sein Leben war bedroht; von dem Könige allein hing seine Begnadigung ab! Sollte es dazu kommen? Und wenn ein Preis gefordert wurde für den Machtspruch? Der Prinz hatte auf dem Feste, das seinen Höhepunkt noch lange nicht erreicht hatte, nichts mehr zu suchen. Er kehrte zu Fuß in seine Wohnung zurück, da er seinen Wagen erst viel später bestellt hatte. Zu Hause setzte er sich nieder und schrieb noch einen langen Brief. Am andern Morgen stand er zwei Stunden früher auf, als seine Gewohnheit war; seine ganze Dienerschaft gerieth in Schrecken, denn er war kein gütiger Herr. Nur gegen einen, den er vor wenigen Monaten in seinen Dienst genommen hatte, machte er eine Ausnahme und diesen ließ er rufen.

„Marco, hier ist ein Brief an Deine gewesene Herrin. Du wirst ihn sogleich nach der Villa Angri bringen und ihr zu eigenen Händen übergeben."

„Ich?" rief Marco bestürzt. „Sie ist gewiß zornig gegen mich, daß ich meinen Abschied gefordert habe. Könnte nicht ein Anderer? Es ist mir schrecklich, Altezza vor Augen zu treten."

„Schweig! Du hast zu gehorchen. Ich erwarte Antwort auf meinen Brief, Du bringst sie mir zurück. Ist es Dir nicht lieb, daß ich Dich schicke, Elender, oder hast Du erbärmlich Deiner Liebe entsagt und fürchtest Dich, nicht die Gräfin, sondern das Mädchen wiederzusehen, das Du verlassen hast?"

„Heilige Mutter, gebenedeite!" rief Marco. „Ich sie verlassen?"

„Man sagt mir, daß der sonst freie Zugang der Villa von der Meerseite jetzt gesperrt ist. Bringe mir Nachricht, auf welche Weise man außerdem, ohne durch das große Portal vom Berge her zu gehen, hineingelangen kann. Du hast meine Befehle!" Er winkte gebieterisch und Marco entfernte sich in äußerster Niedergeschlagenheit.

Die Stunden des Vormittags bis zur Rückkehr seines Boten wurden Emilio zur Ewigkeit. Endlich erschien Marco, noch jammervoller, als er sich entfernt hatte. Er brachte den uneröffneten Brief wieder zurück, keine Antwort, keinen Bescheid über den letzten Auftrag seines Herrn, er schien vollständig den Kopf verloren zu haben. Emilio sah den armen Burschen, der zitternd vor ihm stand, mit verächtlicher Miene an. „Hast Du die Gräfin gesehen?" — „Nein." — „Sie hat Dir den Brief zurückgeschickt und Dir sagen lassen, es sei keine Antwort nöthig?" — „Ja." — „Du haft auch die Maddalena nicht gesehen?" — „Heute nicht!" — „Und einen Zugang haft Du nicht gefunden?" — „Nein." — „Mache Dich zu einem weiten Ritte bereit, in einer Stunde werde ich Dich abfertigen."

Er vernichtete den Brief, welchen Virginia verschmäht hatte, und schrieb jetzt zwei andere: den einen an den Fürsten Hettore Angri, seinen Onkel, den zweiten an Camillo, welcher gestern nicht bei dem Feste, dessen Veranlassung er fern stand, zugegen gewesen war.

Neuntes Kapitel.

Der Gaukler von Reggio.

Camillo Angri stand dem Könige jetzt auch ferner als sonst. Der König, welcher so viel Werth auf seine Meinung gelegt und ihn darum in den Staatsrath aufgenommen hatte, war verstimmt gegen ihn. In zwei wichtigen Angelegenheiten war er der Ansicht und den Wünschen des Königs entgegengetreten. Zuerst in der Frage, wie mit den Carbonari verfahren werden solle. Der König, der in der Armee zu wenig strafte, war in politischer Beziehung für die äußerste Strenge, und Camillo Angri hatte sich der entgegengesetzten Ansicht, die nur von Wenigen vertreten war, mit Gründen angeschlossen, welche den König um so mehr gereizt hatten, weil er sie nicht widerlegen konnte. Empfindlicher noch hatte ihn ein zweites Votum Camillo's getroffen, das ihn an der verwundbarsten Stelle berührte. Im Lande wie im Heere waren noch Franzosen, welche hier ihr Glück gefunden hatten und bei dem

Bruche mit Frankreich zurückgeblieben waren. Murat, um der Volksstimme zu genügen, welche sich gegen die Begünstigung der Fremden aussprach, hatte verordnet, daß nur Neapolitaner Staatsämter bekleiden dürften, daß Niemand Staatsbürger werden könne, als nach den Bestimmungen des Statuts von Bayonne, und daß die Fremden, welche binnen einem Monate nicht das Bürgerrecht gefordert und erlangt hätten, aus ihrem Dienst treten müßten. Alle hatten dasselbe gefordert. Der Staatsrath war bei der Prüfung anfangs nachsichtig verfahren, bald aber strenger geworden, sodaß der König sich durch die Klagen und Vorwürfe, welche ihm die mit Verlust ihrer Stellen bedrohten Franzosen gemacht, veranlaßt gesehen hatte, dem Staatsrath eine Liste von 27 Personen vorzulegen, denen er versprochen hatte, daß ihnen das Bürgerrecht gewährt würde. In der eröffneten Discussion war von der einen Seite sein Vorschlag gebilligt, von der andern Seite aber, namentlich von Camillo Angri, geltend gemacht worden, daß der Staatsrath das Statut von Bayonne nicht ändern könne, also auch über die Siebenundzwanzig nur gesetzmäßig entschieden werden müsse. Der König hatte die Debatte abgeschnitten und sofortige Abstimmung verlangt, in welcher von 28 Räthen nur drei gegen ihn stimmten; unter diesen war Camillo Angri. Aus der Liste der Siebenundzwanzig waren dann 38 geworden und in der Armee noch mehr, sodaß in der That die ganze Verordnung illusorisch geblieben, ebenso wie die verheißene Aufhebung der Conscription. Hier freilich mußten selbst die Gegner der Regierung, welche sich damals noch nicht durch Parteiverbissenheit über die wahren Bedürfnisse des Landes verblendeten, zugeben, daß der Zeitpunkt nicht gekommen sei, die bewaffnete Macht zu vermindern, daß sie im Gegentheil verstärkt werden müsse. Von Wien liefen gar bedenkliche Berichte ein; der König von Neapel, dessen bei Berufung des Congresses gar nicht erwähnt worden war, hatte alle bourbonischen Höfe: Frankreich, Spanien, Sicilien, gegen sich, und auch England verfehlte nicht, sein zweideutiges Betragen während des kurzen Feldzugs zur Sprache zu bringen. Unter solchen Umständen konnte nur eine imposante Machtentfaltung, gestützt auf die unerschütterliche Anhänglichkeit seines Volks, den Thron von Neapel retten. In letzterer Beziehung hatte der König schon viel gethan; die Abgaben waren erleichtert, der Handel durch die liberalsten Maßnahmen begünstigt worden; nun wurde auch das gewohnte Mittel der Adressen in Schwung gebracht. Das Beispiel der Kronbeamten und Abhängigen pflanzte sich mit Blitzesschnelle bis zu den geringsten Corporationen im Staate fort, welche dem Könige Gut und Blut darboten; das größte Aufsehen machte die Adresse des Truppencorps in den Marken und die des Adels, weil beide zugleich vom Könige eine freie Verfassung forderten — die Armee und der Adel! Mit diesen Manifestationen konnte der König allerdings vor den Congreß treten, aber sein Vertrauen darauf war doch nur gering. Darum vermehrte er seine Kriegsmacht auf eine achtunggebietende Stärke und gab auch den Milizen eine bessere Organisation, namentlich in Neapel, wo die von ihm vorgeschriebene Sicherheitswache, aus den besitzenden Klassen und den angesehensten Männern aller Stände gebildet, wenigstens 12,000 Mann stark, in sechs Bataillone und eine Schwadron formirt wurde. Ein Ehrenzeichen in Form einer goldenen, weiß emaillirten Medaille mit dem eichenbekränzten Wappen und Bildniß des Königs und der Inschrift „Ehre und Treue" sollte den Eifer wecken.

So gerüstet glaubte Murat den Ereignissen ruhig entgegensehen zu können. Die Verbündeten waren schon zu Troyes, noch vor Napoleon's Fall, übereingekommen, den König Ferdinand von Sicilien für Neapel anderweit in Italien zu entschädigen; zu Chaumont hatten sie später den Vertrag Oesterreichs mit Joachim bestätigt. Auf dem Congresse war dieser Tractat zwar angefochten worden, aber die Streitfrage über Polen, welche die Großmächte in zwei Parteien spaltete, bewirkte, daß der König von Neapel von beiden Seiten als Verbündeter gesucht wurde. Er fühlte einen geheimen Triumph dabei, weil es eine Anerkennung seiner Macht war. Die Ansprüche des Hauses Bourbon auf den Thron von Neapel hatten jetzt wenig Aussicht, gehört zu werden, ja der Kaiser von Rußland sollte mit einer Hinweisung auf die Grausamkeit bei der Restauration von 1799 geäußert haben: es sei unmöglich, jetzt, wo es sich um das Glück der Völker handle, einem Schlächterkönig den Thron von Neapel zurückzugeben. Die Feste in Neapel nahmen daher einen immer glänzendern und freudigern Charakter an, und nun Italien wieder den Reisenden offen stand, erschienen viele Fremde von Rang und Bedeutung am Hofe, selbst die Prinzessin von Wales, die künftige Königin von Großbritannien.

Auf einem dieser Feste, das in Portici in den Gemächern der Königin gegeben wurde, traf unerwartet die Kunde von dem Ableben der Königin Karoline von Sicilien ein. Sie war am 13. September plötzlich im Schlosse von Hetzendorf bei Wien gestorben. Niemand war bei ihr gewesen, man hatte sie ganz allein in ihrem Zimmer todt gefunden, auf einen Sessel an der Wand niedergesunken, den Arm auf der Lehne mit offener Hand, die sie wahrscheinlich nach der über ihr befindlichen Klingelschnur ausgestreckt, um Hülfe herbeizurufen. Weder

der Beistand des Arztes, noch die letzten Wohlthaten der Kirche waren der Sterbenden zu Theil geworden. Was auch die Königin Karoline Murat bei der Nachricht vom Ableben ihrer Todfeindin, mit welcher der Nerv aller Unternehmungen gegen ihren Thron abgestorben schien, fühlen mochte, die Würde forderte, daß sie es vor der Welt nicht zeige; die beiden Majestäten zogen sich sofort mit dem ganzen Hofe zurück und das Fest löste sich auf.

Beim Herausgehen wartete Prinz Emilio Angri auf seinen Vetter Camillo, den er seit langer Zeit zum ersten Male wiedergesehen, in der Gesellschaft aber nur flüchtig begrüßt hatte.

„Nun, Sie Unsichtbarer, hat man Sie endlich einmal wieder?" fragte er, als Camillo kam. „Wann kann ich Sie sprechen?"

„Sollte das noch nöthig sein?" entgegnete Camillo mit verdüstertem Blick in seinem frostigsten Tone, indem er weiter schreitend Emilio nöthigte, mit ihm zu gehen, da sich dieser schon nach einer menschenfreien Nische in der Nähe umgesehen hatte, wo er ungestört einen Moment mit ihm verweilen könne.

„Haben Sie meinen Brief erhalten?" fragte Emilio staunend.

„Wenn Sie darauf eine Antwort erwarten", erwiderte Camillo mit einem Tone, welcher den Vetter doch unerwartet traf, „so machen Sie sich gefaßt, daß sie nicht in bloßen Worten bestehen wird."

„Wir müssen uns aussprechen, in aller Ruhe! Niemand kann ja betrübter sein als ich", sagte er.

„Wenn Sie das sind, so lassen Sie uns schweigen! Jetzt und auf immer!" versetzte Camillo, die Unterredung, welche im leisesten Tone geführt wurde, abbrechend, da der Strom der Menschen sie umdrängte.

„Finde ich Sie morgen zu Hause?" fragte Emilio noch.

„Der Gaukler von Reggio niemals!" erwiderte Camillo mit einem vernichtenden Blicke, indem er sich an einen Bekannten, der eben an ihnen vorbeiging, anschloß und mit ihm weiter ging, ohne sich um den Vetter noch zu kümmern.

Das Wort hatte getroffen. In jenem Briefe, welchen Emilio geschrieben, als er sein Billet uneröffnet von Virginia zurückerhalten, hatte er sich bildlich der alten Sage von dem Gaukler bedient, der, in Reggio wegen seiner Hexenkünste ausgewiesen, der Stadt aus Rache die gefährlichste seiner Schlangen heimlich zurückgelassen hatte, welche nun aus verborgenen Schlupfwinkeln viele Menschen, besonders Frauen und Kinder, auf ihren Wegen gestochen und mit ihrem Gifte getödtet hatte, ohne daß es gelungen wäre, sie zu ergreifen. Emilio hatte dies

Bild gebraucht, um das Gerücht zu bezeichnen, das mehr und mehr, ohne daß man den Urheber bezeichnen könne, in der Gesellschaft bestimmte Thatsachen verbreitet habe, die Virginia's Ruf vergifteten. Diesen Thatsachen auf den Grund zu gehen, um siegreich für die Verleumdete einzutreten, hatte er als sein Verdienst gerühmt, dann aber zu seiner unaussprechlichen Betrübniß hinzufügen müssen, daß er Wahrheit gefunden. Und nun erklärte ihn Camillo für den Gaukler von Reggio!

„Dein gebrechlicher Körper würde Dich nicht vor strenger Ahndung von meiner Seite schützen", murrte er in Gedanken hinter ihm her, „wenn Deine Tage nicht gezählt wären, stolzer Grande! Du stürzest vielleicht schon morgen von Deiner Höhe herab!" Er hatte mit seinem feinen Gehör belauscht, wie der König seinen Vetter, als er an ihm vorüberging, auf morgen und keineswegs in gnädiger Weise zu sich befohlen hatte. Daß Camillo Angri nicht mehr im besondern Vertrauen des Königs stand, war in den höhern Kreisen kein Geheimniß; man kannte auch die Ursache und fand dieses starre Altrömerthum, in welchem sich der junge Staatsrath gefiel, höchst lächerlich. Wenn er dadurch, wie es den Anschein hatte, in Ungnade gefallen war, so gönnte man ihm das von allen Seiten. Warum hatte er denn mit seinem ehrwürdigen Vater, der sich von dem neuen Hofe fern hielt, gebrochen, wenn er sich nicht ohne allen Rückhalt und Einspruch dem Interesse des Königs ergeben wollte?

Auch der König mochte so denken. Er empfing Camillo, als dieser sich zu der befohlenen Stunde einstellte, nicht mit der offenen Vertraulichkeit, die er gegen Freunde aus seinem Soldatenleben mit in den Purpur genommen hatte, sondern mit der gemessenen Haltung des Souveräns. „Sie werden nach Wien gehen", kündigte er ihm an. „Sie selbst haben mir damals zugestimmt, als ich den Bund mit Oesterreich abschloß; ich hoffe, Sie werden in diesem Sinne den Herzog von Campochiaro mit Ihrem Rathe unterstützen. Ihre besondern Instructionen sollen Sie noch erhalten."

Camillo verneigte sich tief. In vieler Beziehung war es ihm lieb, Neapel gerade jetzt zu verlassen; er entging dadurch dem schwersten Conflicte, der ihm drohte, dem Conflicte mit seinem Vater.

„Es handelt sich um die Erfüllung des Vertrags", fuhr der König, obgleich er nicht davon sprechen wollte, gleichsam getrieben fort. „Mir sind die Marken zugesichert und ich werde sie behaupten! Ist es nicht ein Ehrenpunkt für mich? Sagen Sie selbst, Angri!"

„Wenn Sie die Macht dazu haben, Sire —"

„Die habe ich und werde mir noch eine größere schaffen!" rief der König mit Heftigkeit. Doch fühlte er nun, daß er sich zu mehr Enthüllungen hinreißen lasse, als er bei seinem erschütterten Vertrauen auf Angri's unbedingte Hingabe beabsichtigt hatte, und ging einigemal im Zimmer auf und ab, um sich zu beruhigen. Dann sprach er, vor Camillo stehen bleibend: „Sie haben mir opponirt, Angri. Ich hoffe aber, Sie werden mit mir zufrieden sein, wenn ich Ihnen sage, daß ich Ihrem Schwager die Naturalisation verweigert habe. Ja", fuhr er in einem gereizten Tone fort, als er das Erstaunen bemerkte, das wie ein Blitz über Camillo's Züge zuckte, aber sogleich unterdrückt wurde, „ja, Prinz Angri, ich habe dem Grafen Orkum das Bürgerrecht in Neapel verweigert und ihm freigestellt, nach meinem alten Großherzogthum Berg zurückzukehren, wo ihm durch den Tod seines Neffen ein großes Besitzthum zufallen wird."

„Durch den Tod seines Neffen, Sire?" fragte Camillo, durch diese zweite Kunde beunruhigt. „Ew. Majestät meinen doch nicht den Neffen, welcher hier in Neapel war und das Unglück gehabt hat, unschuldig in eine Untersuchung verwickelt zu werden?"

„Ja, ja, den meine ich!" rief der König. „Unschuldig, sagen Sie? Die Militärcommission ist anderer Ansicht. Nun, mein Prinz, auf die Gefahr, mir in diesem Punkte von neuem Ihre Unzufriedenheit zuzuziehen, muß ich Ihnen sagen, daß ich den jungen Mann, weil seine

Sache mit der der Carbonari zusammenhängt und der Vortrag des Justizministers mir Zweifel ließ, ob sie von den Civilgerichten mit der nöthigen Energie betrieben werde, diesen entzogen und dem Tribunal überwiesen habe, welches ich nun einmal für die ganze Angelegenheit bestellt. Abgesehen von Ihrer diffentirenden Ansicht, müssen Sie mir wenigstens zugeben, daß ich in Ihrem Sinne gehandelt, wenn ich keine Ausnahme dulden will, wie Sie keine statuiren wollten in Bezug auf das Bürgerrecht meiner armen Landsleute. Keine Ausnahme, selbst nicht für den Protégé Ihrer Schwester!"

Der König hatte so heftig und so rasch gesprochen, daß es fast unmöglich gewesen war, ihm zu folgen. Doch hatte Camillo den Kern seiner Rede nur zu wohl verstanden und war davon tief ergriffen. „Ich hoffe", sprach er jetzt, als ihn Murat bei seinen letzten Worten herausfordernd ansah, „daß die Offiziere Ew. Majestät, welche zu Gericht sitzen, Schuld und Unschuld zu unterscheiden vermögen!"

„Rechnen Sie darauf!" versetzte der König laut und hart. „Das Urtheil ist bereits gesprochen!"

„Und, wenn ich es wissen darf, Sire", fragte Camillo mit bebender Stimme „dies Urtheil lautet?"

„Auf Tod!" antwortete der König.

„Majestät!" rief Camillo. „Hier wird ein Unschuldiger gemordet! Ich mache mich verbindlich, die Beweise seiner Unschuld beizubringen und bitte nur um die Gnade des Aufschubs, um Zeit."

„Sie compromittiren sich, Angri!" rief der König. „Ich will es Ihrem Eifer für meine Integrität nachsehen, daß Sie eine solche Sprache gegen mich zu führen wagen. Lassen Sie mich aber kein Wort mehr in dieser Sache hören! Ihre Instructionen für die Reise nach Wien, Ihre Depeschen für den Herzog von Campochiaro haben Sie noch im Departement des Auswärtigen in Empfang zu nehmen. Morgen reisen Sie!" Mit einem leichten Abschiedsgruße zog sich der König in sein Cabinet zurück und Camillo kehrte in einer Aufregung nach Hause, die ihn für den Augenblick ganz rathlos machte. Er hatte geglaubt, schon am Ziele zu sein; es war ihm gelungen, sich Kenntniß von dem Gange der gegen Alexander Ortum eingeleiteten Untersuchung zu verschaffen, das freisprechende Urtheil des Gerichts stand außer aller Frage; woher nun dieser plötzliche und gewaltthätige Eingriff des Königs, welcher durch die Erklärung, daß er keine Ausnahme von dem einmal angeordneten Verfahren gegen die Carbonari dulden könne, nicht motivirt erschien? Alexander war verloren! Der Spruch, der ihn zum Tode verurtheilte, war gefällt, vielleicht schon vollzogen! Wenn er aber noch nicht vollstreckt war, so gab es nur ein Mittel, ihn zu retten! Camillo mußte sich selbst der

That anklagen, welche man auf den Unschuldigen gewälzt hatte; er mußte sagen, daß er es gewesen sei, welcher den Boten mit der Warnung an das Haupt der Carbonari abgeschickt hatte; es war eine Ehrensache für ihn, mochte ihm das Geständniß auch den sichern Untergang bringen. Welche Prüfung, welcher Kampf! Hättet Ihr ihn hochherzig und siegreich bestanden, dem Tode Euch geweiht, um nicht einen Unschuldigen für Euer Verbrechen bluten zu lassen? Ihr werdet mir die Antwort schuldig bleiben!

In seinem Zimmer saß Camillo eine Weile finster brütend. Er war noch zu keinem Entschluß gekommen, als er sich aus dieser entnervenden Stimmung riß, um den nöthigsten Brief zu schreiben. „Ihrem Auftrage, mein heilig verehrter Vater, kann ich nicht genügen, des Königs Befehl sendet mich morgen nach Wien. Gewinnen Sie es über sich selbst, zu vollbringen, was Sie mir anvertraut hatten, und dadurch in ewige Nacht zu begraben, was uns zur unauslöschlichen Schmach gereicht. Die Wolke, die zwischen uns gestanden hat, wird bald der Sonne weichen." Nur diese wenigen Zeilen schrieb er, schloß und siegelte den Brief und übergab ihn zur Bestellung. Es war ein kurzes Ausweichen von seinen Gedanken gewesen, ein Waffenstillstand nur, der Kampf in seinem Innern erwachte von neuem mit verstärkter Gewalt.

Ein goldener Herbsttag schimmerte über dem Lande und lockte zu Lust und Freude hinaus in die freie Natur. Auf dem Molo, an der Riviera, auf allen schönen Punkten der Umgegend von Neapel schwärmte und wogte es wieder von lebenslustigem Volk, von Wagen und Reitern. Von dem Vorplatze der Villa Angri auf der Landseite, wo eine Cypressenallee schnurgrade nach der höher laufenden Straße führte, konnte man die vorübereilenden Erscheinungen auf dem staubigen Wege sehen, und Maddalena saß vor dem verschlossenen Thorwege im Schatten mit ihrem Spinnrocken, das Kind zu ihren Füßen hütend, das im Grase mit Blumen spielte; sie blickte still in die Ferne, wo das lebendige Treiben mit dem Frieden um sie her einen mächtigen Gegensatz bildete. In ihrem Herzen war aber das Mädchen traurig, und wenn ihre Augen sich auf das unschuldige Kind zu ihren Füßen senkten, hätte sie weinen mögen. Ihre Herrin, die sie trotz Allem, was sie von ihr wußte und selbst gesehen hatte, zärtlich liebte, lag drinnen krank und gebrochen; der arme schöne Mann, bei dessen Erinnerung das Herz der Maddalena bebte, war gefangen und vielleicht schon todt, ihr eigener letzter Verwandter in die weite Welt gegangen! Wenn die Kranke starb, Du arme kleine Giuditta!

Durch die Cypressenallee kam plötzlich ein leichter

Wagen daher; Maddalena stand auf, rief das Kind und wollte sich in das Pförtlein des verschlossenen Thorwegs zurückziehen, als sie einen der Männer auf dem Wagen heftig winken sah und ihren Namen rufen hörte. Es war Graf Orkum, ihr Herr; sie mußte gehorchen und ihn erwarten. Der Wagen hielt und Graf Orkum sprang herab und half seinem Begleiter absteigen, den die Procidanerin nicht kannte. Es war ein schöner, stattlicher Mann mit schwarzen Locken und feurigen Augen; es gefiel ihr, daß er sogleich auf das Kind aufmerksam wurde und dasselbe freundlich, mit unverkennbarem Antheil betrachtete. Vornehm mußte er sein, denn er trug einen prächtigen grünen Sammetrock mit goldenen Schnüren, und der Graf war gegen ihn so zuvorkommend!

„Laß uns ein, Mädchen, führe uns zu Deiner Frau!" befahl er.

„Madonna ist todkrank und liegt zu Bett", sagte sie.

„Unmöglich!" rief der Fremde und Graf Orkum: „Das ist nicht wahr! Hinweg da!" Er wollte Maddalena, welche mit dem Kinde vor der Pforte stand, zur Seite schieben, als ihr ein Mann heraustretend zu Hülfe kam, in welchem er seinen Hausarzt erkannte.

„Ist es Ernst, Doctor?" rief er.

Der Arzt stutzte bei dem Anblicke des Fremden

und verneigte sich tief vor demselben, ehe er dem Grafen antwortete. Der Fremde machte ihm einen verbietenden Wink und er sagte nun: „Ich würde es nicht verantworten können, wenn ich Ew. Gnaden nicht bitten wollte, von dem beabsichtigten Besuche abzustehen. Der Fall ist sehr ernst; ich sah vom Fenster aus Ihren Wagen und eilte hierher, um Sie abzuhalten. Jede Störung der Kranken könnte tödtlich sein!"

„Kommen Sie, Orkum!" sagte der Fremde, welcher ernst und unruhig geworden war; „hier ist kein Besinnen nöthig." Er neigte sich zu der Kleinen hernieder und reichte ihr seine Hand, in welche sie, welche sonst vor Fremden scheu war, nach kurzem Zögern ihr feines Händchen legte; mit sichtlicher Freude hob der Fremde das Kind empor und küßte es zweimal, dann ließ er es vorsichtig wieder auf den Rasen nieder, und während seine Augen unverwandt auf ihm ruhten, zog er einen von den blitzenden Diamantringen, die seine Hand schmückten, vom Finger, gab ihn der Kleinen und wandte sich, mit einem kurzen Abschiedswink der Hand gegen den Arzt, ohne ein Wort zu sprechen, nach dem Wagen, der in einiger Entfernung hielt; Graf Orkum richtete noch eine flüchtige Frage an den Arzt und folgte dann. Rasch, wie sie gekommen waren, fuhren sie durch die Cypressenallee wieder von dannen.

„Wer war das?" fragte Mabdalena, während die Kleine entzückt ihr den Ring emporhielt.

„Kennst Du ihn nicht?" entgegnete der Arzt verwundert, schüttelte aber doch vorsichtig den Kopf und gab ihr eine sehr unbestimmte Antwort, als sei auch er seiner Sache nicht gewiß. Dann kehrten sie nach dem Hause zurück.

Virginia lag wirklich krank und der irdische Arzt konnte ihr nicht helfen. Ihre Kraft war endlich Allem, was in letzter Zeit über sie hereingebrochen war, erlegen und sie sah nur noch einen Ausweg, um dem Elend und der Verzweiflung zu entrinnen. Sie wußte, daß sie von der Welt schon geächtet war, obgleich diese von der Wahrheit noch immer keine Ahnung hatte; sie wußte, daß ihr der Einzige, der noch von ihr gut dachte, auf dessen Treue sie wie auf einen Felsen bauen konnte, der unter glücklichen Sternen bei früherer Begegnung im Leben sie unaussprechlich glücklich gemacht haben würde, in diesem Augenblicke schon durch einen schimpflichen Tod entrissen war. Die erste Kunde hatte ihr ein Billet mit verstellter Handschrift gebracht, das sie deshalb nicht, wie das frühere, uneröffnet zurückgeschickt hatte; sie würde die Meinung der Welt, die sie niemals hoch gehalten, verachtet haben, wenn nicht der Schreiber jenes Billets neue empörende Schmach daran geknüpft hätte, indem er ihr für den Fall, daß ihr Gemahl bei der Rückkehr in seine Heimat, wovon man jetzt spreche, sich von ihr trennen sollte, seine Hand bot, um sie dadurch vor der Welt glänzend wieder zu erheben! Die zweite Nachricht, welche ihr Orkum schonungslos mitgetheilt, nicht ohne die entsetzliche Andeutung, daß ihre Vorliebe für Alexander leicht jede Begnadigung des Verurtheilten unmöglich gemacht habe, hatte sie dann zur Verzweiflung gebracht, und als, Schlag auf Schlag, ein dritter Brief kam, auf dessen Umschlag sie erbebend die lange nicht erblickte Handschrift ihres Vaters erkannte, da war sie kaum fähig gewesen zu begreifen, was ihr der Vater schrieb. Es war die kurze, strenge Anzeige, daß er Camillo beauftragt habe, sie abzuholen und in die einzige Freistatt zu bringen, wo sie sich mit Gott versöhnen könne, in das Kloster zu seiner Schwester. Dem Wahnsinn nahe, in ihrem Zimmer eingeschlossen, hatte sie mehrere Stunden zugebracht; nun war aber das Alles vorüber. Sie hatte zum Tode erschöpft dem Arzte den Zutritt gestattet, aber in ihrem Herzen war es still, grabesstill; sie wußte andere Freistatt, als die ihr der Vater geboten hatte.

Der Arzt, als er den Besuch der beiden Herren verhindert, fand nichts dagegen einzuwenden, daß Maddalena der Kranken auf ihr Verlangen das Kind brachte; es konnte dazu dienen, durch sanfte Gefühle ihre aufgeregten Nerven zu beschwichtigen, eine Versagung würde sie noch mehr gereizt haben. Er hatte auch nichts dawider, daß die Kleine allein bei der Kranken blieb; nur daß diese das Bett verlassen und sich ankleiden wollte, war ihm nicht lieb. Indessen gab er den schwachen Versuch, sie davon abzubringen, auf, als er sah, daß sie heftig wurde. Dem Mädchen hatte er verboten, von dem Besuche zu reden, und Maddalena schwieg auch darüber, bis die Kleine, woran der Arzt unbegreiflicherweise gar nicht gedacht hatte, mit ihren feurigen Erzählungen und ihrem Ringe Alles verrieth. Da wurden Virginia's todtenbleiche Wangen plötzlich von heißer Glut überflossen; sie schien einen Moment sprachlos, nur ihre Augen richteten sich fragend auf Maddalena, welche dann nicht anders konnte, als der Wahrheit getreu Alles berichten. Virginia's Auge verdunkelte sich, als Maddalena ihr den Fremden und sein freundliches Benehmen gegen das Kind schilderte, ihre Hände zitterten, ihr Busen wogte sichtlich in heftigster Bewegung. Doch entließ sie das Mädchen sogleich und blieb nun mit Giuditta allein.

Sie setzte sich auf ihr Bett und nahm die Kleine auf den Schooß, liebkoste und küßte sie mit Inbrunst und hörte schweigend zu, wie diese mit kindlichem Geplauder immer wieder von dem schönen Manne erzählte, der ihr den Ring geschenkt, welchen sie nur einen Augenblick aus der Hand gegeben, als Virginia ihn sehen wollte, und sogleich wieder zurückverlangt hatte. „Warum weinst Du, Tante?" fragte sie auf einmal mitten in ihrer wiederholten Erzählung, daß sie der schöne Mann geküßt habe.

Virginia's Thränen rannen nun unaufhaltsam; sie drückte das Kind stumm an ihr Herz und sagte mit gebrochener Stimme: „Nenne mich nur Mutter! Du darfst es!"

„Darf ich?" rief Giuditta fröhlich. „Und wirst Du nicht böse? Schilt mich die Lenetta und meine Mutter nicht?"

„Du darfst es! Ich bin Deine Mutter!" klang es in schmerzlichen Lauten von Virginia's Lippen, und das Herz hätte ihr brechen mögen über des Kindes Freude und seine unschuldigen Fragen, warum der Lesso gar nicht wiederkomme, dem sie es erzählen wolle, daß sie nun Mutter sagen dürfe. Lange saß Virginia mit dem Kinde auf dem Schooß und weinte viel, endlich wurde die Kleine müde, legte ihr Köpfchen an Virginia's Brust, und es währte nicht lange, so war sie entschlummert. Sanft und vorsichtig legte sie Virginia auf ihr Bett und stand eine lange Weile versunken in das Anschauen des lieblichen Wesens, dann ging plötzlich ein Schauder durch ihre ganze Gestalt; es war der Dämon ihres Schicksals, der sie schrecklich an ihren Entschluß mahnte.

Sie wagte nicht noch einen letzten Blick auf das schlummernde Kind zu werfen; mit schwankenden, aber raschen Schritten ging sie zu ihrem Spiegeltisch, wo ein Krystallglas mit frischem Wasser stand; sie zog ein Fach, nahm ein sorglich eingewickeltes Fläschchen heraus, träufelte von der hellen Flüssigkeit, welche es enthielt, ungezählte Tropfen in das Wasser und hielt das Glas in der krampfhaft bebenden Hand — wagte ihr Blick im sündhaften Frevel dieses entsetzlichen Augenblicks das Bild des Gekreuzigten über dem Betaltar zu suchen?

„Mutter!" flüsterte es wie mit einer Engelsstimme durch das todtenstille Gemach.

Virginia zuckte zusammen; sie wandte sich um.

„Mutter, laß mich nicht allein! Süße, liebe Mutter, bleibe bei mir!" hörte sie das Kind im Traume ängstlich sprechen.

Und das Glas entstürzte Virginia's Hand, daß es am Boden zerschmetterte; sie selbst, von Schauern der Gottesnähe überwältigt, eilte zu dem Lager, wo Giuditta ruhte, sank auf ihre Kniee und rief, die gefalteten Hände hoch zum Himmel erhebend: „Nein, nein, Du mein geliebtes Kind! Ich bleibe bei Dir, ich verlasse Dich nicht!"

Ende des zweiten Bandes.

www.ingramcontent.com/pod-product-compliance
Lightning Source LLC
Chambersburg PA
CBHW031746230426

43669CB00007B/500